看屋驗屋
一本通
【暢銷新封面版】

漂亮家居編輯部 著

目 錄

■

■

看屋篇 看屋前的功課 + 看屋 SOP

驗屋篇 逐項件檢查入住免煩惱

前言

辛苦存錢繳貸款，
就是為了圓一個「家」，
沒人想買到問題屋後悔捶心肝，或是格局超差反而裝潢費超出預期，
可是，到底要怎麼看、怎麼選，才能買到理想的房子呢？

買房是人生大事，除了是一筆鉅額花費之外，也將影響自己及家人接下來 10 到 20 年甚至更長的生活，更別說有人只打算一生買一間房子。而這個決定，是帶來愉悅幸福還是噩夢連連，端看買前是否做足功課，過程仔細審合評估，交屋仔細驗收保障自身權益。

住起來的舒適度，要如何在看屋時就知道呢？本書便是在這樣的前提下企劃製作，希望教會讀者到底要看些什麼，如何從周遭環境、建築本身乃至房屋內部的種種蛛絲馬跡，覓得有用資訊，幫助自己判斷房子本身有沒有潛藏問題，要避開哪些票房毒藥問題宅，還有空間格局適不適合自己，

或是有改造的空間嗎，雖非心目中理想的第一名，但卻是性價比最高的選擇。

最後，買下房子要交屋，最重要的就是確認物件的狀態，除了必定要確認的項目，新屋、中古屋各有哪些要注意的「眉角」，也會在驗屋篇中說分明，並彙整交屋驗收要帶的工具及 Check List，層層把關不漏勾。

本書在製作採訪的過程中，得到許多專家及經驗豐富的素人無私分享自身經驗及知識，他們無不希望為每位走在成家之路的人，掃除一些陷阱、提供一些建議，讓看這本書的讀者，能順利住進所愛的家，和所愛的人幸福圓滿過日子。

亞菁室內裝修工程有限公司

藝術總監　陳鎔

DATA　地址：新北市中和區中和路 366 號 4 樓
　　　　電話：02-6620-6760
　　　　網址：www.asiadesign.com.tw

現任亞菁室內裝修工程有限公司藝術總監，實踐大學室內設計講師，室內設計證照檢定術科測試監評委員，具備建築物室內裝修工程管理證照、建築物室內設計證照、甲種勞工安全衛生業務主管、建築物設置無障礙設施設備勘檢人員、空氣品質維護管理專責人員、中華人民共和國一級裝飾師證照，曾任聯廣集團聯動活動行銷公司設計顧問。著有《室內設計手繪製圖 1、2、3》、《室內裝修工程管理必學 1》。

今硯室內裝修設計工程有限公司

張主任

DATA　地址：台北市南港區南港路二段 202 號 1 樓
　　　　電話：02-2783-6128
　　　　網址：zh-tw.facebook.com/Imagism.Design

為今硯室內裝修設計工程工班主任，30 年來穿梭近千個工地，建立一套嚴謹的監工程序和施工法則，認為擁有專業，不應該是與民眾和設計師對立，而是分享裝修知識，不讓別人也走冤枉路。近年擔任漂亮家居裝潢研究室課程講師，著有《拒採裝潢地雷！資深工班主任親授關鍵施工 100》。

演拓空間室內設計

主持設計師　張德良

DATA　地址：台北市八德路四段 72 巷 10 弄 2 號 1 樓
　　　　電話：02-2766-2589
　　　　網址：www.interplay.com.tw

現為演拓空間設計主持設計師，實踐大學推廣教育部講師，參與多場設計相關講座之演講，電視媒體作品曝光及理念分享，並於各大網路平台作品露出，作品獲得兩岸各大專業裝修雜誌媒體報導。著有《一看就懂！設計師教會你裝潢不後悔必學攻略》。

除以上專家，在此也向接受本書採訪的看屋、購屋達人致謝。

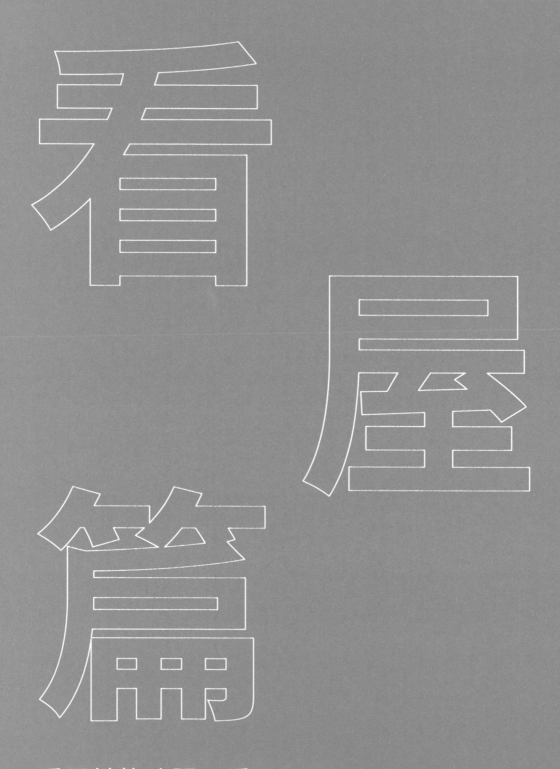

看屋篇

看屋前的功課 + 看屋 SOP

買房的目的

自住呢，
還是拿來做投資

「要結婚了！就該買間房和另一半及未來的小孩共同生活。」「房子是『不動產』，是最保值的資產，是不是該存錢買房了呢？」有土斯有財的觀念根植華人心理，加上在台灣房地產向來是極具保障的投資標的，自住投資兩相宜。但現實狀況是，不少上班族並沒有財務上的餘裕規劃買屋，在薪水凍漲，物價一直漲的今天，多數人選擇「財務有餘裕，不影響生活品質時，才考慮買房」，或是有家中財源支持，最關鍵的考量還是在於自身負不負擔得起，房價則是其次。

評估自身的財務能力，絕對是買房規劃的第一要務，也是不要落入「屋奴」窘境的關鍵。以下分析買房前的幾個思考步驟：

Step 1 掌握收支狀況，估算「儲蓄率」

算一算自己每個月能為「買房」存多少錢。列出收入和支出時，需將年度收入和支出計入，支出只需列下「必要支出」，如吃用、交通、房租、學費、保費等等等。

Step 2 拿得出多少頭款

買房子大約需支付 2 ～ 3 成的頭期款，舉例來說，1,000 萬元的房子約需 200 萬至 300 萬元的現金。對想買的房屋總價，評估手上有多少錢能花在頭期款，或是還要存多久才能有你設定的房屋頭期款。

Step 3 評估買房後的還款能力

房貸加上生活開銷費用，不應超過月收入的 6 成，其它 4 成月收入仍需為退休、子女教育做規劃。仔細精算自己現階段的能力，是否可應付每個月要繳的房貸。

Step 4 設定地點，去看房子

先有數字目標後，才開始看屋行動。除了個人喜好及習慣，也要考慮將來換屋的可能性，看房時不論自住或投資，「地段」都是重要的，好地段的房產才比較有保值、增值的可能性。若是首購族多半受限經濟力，選擇面積小但總價較低的繁華地段或軌道交通附近的近郊小坪數做為過渡房。有了一定經濟基礎，大多數人會根據自己的居住需求，選擇穩定的居住房提高生活質量。也有主要考量孩子學區的購屋思考。

▌不同目的之購屋思考

項目	自住用	投資用
價格	依自身經濟能力，設定負擔得起的價格。	物件具增值空間，在自身財力周轉允許範圍內，都可選擇。
地段	對地段的要求因人而異，有地緣性、個人喜好、經濟實力等決定。	需有豐富商業行為或大眾交通之便，是否有強大穩定的租屋需求市場。
戶型	應滿足居住成員的需求，有合裡的功能區、房間數，兼顧方便與舒適，或是成員變化的彈性調整空間。	想當包租公，不建議買坪數過大的房子，租屋還是以單身年輕人為主。
居住環境	對居住生活品質的要求高，包含住宅周邊及建築本身。	偏重投資成本及報酬率，對環境的質量要求不如自住高。
未來變化	對環境的要求相對穩定。	需注意未來都市規劃是否帶動該區房價增值。

TIP 買房投資賺什麼

通過轉讓獲利的方式稱為炒房，對於投資客來說，房子的升值能力到底有多大才是關注重點。地段是影響升值潛力的重要因素，不僅要考慮目前地段的發展狀況，還要考慮未來的發展規劃。

透過出租獲利的房產基本屬於長期投資，短期內的回報小但獲利時間較長。需考慮目標房客的需求，如交通便利、生活機能佳、一卡皮箱可入住等，才能租出理想的價格。

多少人要住

思考現階段
並預設近未來

單身貴族

如果目前是一個人，且暫時沒有結婚或與他人同住的打算，可選擇
15 ~ 20 坪的小坪數房子，以 1 房 1 廳 1 衛及規劃得下一字型小廚房
的空間配置為佳。

已婚族群或計畫結婚

如果已經結婚或有計畫結婚，建議選擇 20 坪以上的房子有使用較有
餘裕。如有小孩或計畫生小孩，坪數最好再大一點，25 ~ 30 坪 2 房
的格局較佳，除了總價較低，對成家新鮮人來說負擔也不會過重。且
2 房的物件在空間規劃上較為靈活，除了主臥，另一房可視情況彈性
運用或未來調整為小孩房，延長將來換屋的時間點。轉手時的流通性
較大，也具房價抗跌性。

已婚且和家人同住

由於同住的人數較多，除了公共空間還要思考臥房數量，建議選擇 30
坪以上的房子尤佳，若為三代同堂的家庭，除了夫婦與長輩的臥房之
外，更需審慎評估需要的房間數，小孩可以同住一房或各有獨立房間，
是否需要書房等，以確保居家生活品質。

▌房型優缺及適合族群

類型	無電梯公寓	電梯大樓	透天厝	別墅
定義	1 同一棟建物裡住兩戶以上住戶 2 無電梯 3 一般常見的有一層 2 戶或 4 戶 4 多為 4～5 層樓以下	1 同一棟建物裡住有兩戶以上住戶 2 有電梯 3 多為 6～7 層樓以上	1 同一棟建築物裡僅有一戶住戶 2 從土地到建物產權都是獨立的 3 大多戶戶相連 4 一般常見的有 2～4 樓透天	1 同一棟建物裡僅住有一戶住戶 2 從土地到建物產權都是獨立的，四周多有庭園 3 有獨棟或雙拼樣式 4 活動範圍大，且獨立安靜
優點	1 土地持分較大，如位於精華地段，則土地增值空間高 2 公設大多僅有梯間，公設比低，無虛坪 3 格局以雙併式為主，住戶少。	1 有電梯，可視需要選擇有管理員和停車空間的大樓 2 高樓層景觀較佳 3 如選擇新大樓則公共設施較完備	1 鄰居關係多半較為密切 2 產權獨立、使用空間寬敞	1 是一般人心目中的「高級住宅」，生活空間舒適 2 規劃良好、管理及公共設施完善的別墅，多半位居郊區，或依山傍水的風景區
缺點	1 沒有電梯，建材也較大眾化，造價稍低，管理較欠缺，停車空間不足 2 如屋齡超過 30 年貸款成數易受影響 3 須留意防水防漏、壁癌及水電管線老舊等問題	1 因戶數通常較多，土地持分較小，如位於精華地段，則土地增值空間不及公寓 2 新大樓的公設比一般較高，管理費高，需留意公共設施的實用性和管理品質	1 多半在郊區或鄉鎮較常見 2 建材品質較不固定，缺乏公共設施 3 通常為連棟建築，通風、採光較差，平面規劃也較零亂	1 售價高昂 2 山坡上的別墅社區需留意是否有地層不穩固及坡道太陡等問題
適合族群	總價預算較低，但自備款資金較充裕者	1 長輩同住，有電梯較方便 2 希望有停車空間與管理 3 總價預算較高者	希望產權獨立，使用空間寬敞者	總價預算較高，希望產權獨立，居住環境安靜清幽者

〜〜〜〜〜〜〜〜〜〜〜〜〜〜〜〜〜〜〜〜〜〜〜〜〜〜〜〜〜〜〜

TIP 簡易居住人數與房數關係

1 人	2 人	4 人以上
套房或 15～20 坪 小宅	20～30 坪 2 房住宅	30 坪 3 房以上 住宅

打算住多久

■
■

同時考量區位
和屋齡的關係

買房如何抉擇，和打算住多久關係密切，一是關係到使用空間和坪數，二是關係到屋齡，這些因素都會和價格產生連動。若是現階段財力有限，購屋不一定要一次到位，可分階段換屋，並思考每次換屋時帶來的效益進行規劃。

5 ～ 10 年過渡期

若打算 10 年內換房，建議要朝「未來好脫手」的物件選擇。第一要考慮「區位地段」，可從實價登錄每月最新資料進行分析，交易資料多的多半是熱門的交易熱區，也可解讀為該行政區購屋較受歡迎的區位。第二則需考慮「屋齡」，一棟屋齡 5 年的房子，住 10 年後屋齡 15 年，還算有價值的中古屋。但一棟屋齡 25 年的房子，住 10 年後已經是 35 年的老屋，根據不動產估價的「建物經濟耐用年限」，鋼筋混凝土（RC）造建築物的耐用年限為 50 年，越逼近耐用年限的房子，建物殘餘價值多半不高，只剩土地持分的價值。若有都更希望，還有翻身機會，但要是都更遙遙無期，未來可能只有降價求售一路。

中長期 20 ～ 30 年以上

從都市發展角度來看，超過耐用年限的老舊公寓，遲早都是要拆除重建的。新宅跟老宅比較，如果打算擁有 30 年以上，甚至考慮傳給下一代，當然是越新尤佳。

退休宅

據統計數字分析，台灣有近四成的民眾選擇退休後居住在台北市，理由是交通機能方便，適合退休生活，而公園、醫院、捷運、量販店及傳統市場，則被認為是住家附近最迫切需要的五大生活機能。

挑選市區退休宅，「以大換小」是趨勢，從坪數較大的公寓換到有電梯的大樓小宅，建議可找離捷運或公眾運輸站、轉乘點多及離市場近一點的區域，日常生活採買較方便，其次要鄰近公園綠地，並選擇屋齡新、室內規劃較符合通用設計的電梯大樓物件；室內坪數不需過大，約 2 房格局就適用，一間規劃為臥房，一間做為兒孫來訪時的客房，未來有看護協助需求也住得下。

TIP 區位與屋齡的加乘效果

好區位，屋齡老還是有競爭力，三不五時會有人上門洽詢都更或表達收購意願。若是冷門的區位，買房還是新一點好，至少未來賣相較佳。

有多少預算

不買超過
能力範圍的房子

買房無論自住或收租，絕對都隱含了投資的想法在裡面，誰不希望伴隨著時間的洗禮，房屋能夠坐擁增值效益，對於動輒上百萬、上千萬的不動產，是否有能力承擔龐大的債務，是首要評估的條件，尤其在現今低利率的環境下，仍須考量未來升息機率，自住要考慮每月還款能力，若是收租則要評估空置期是否能夠自我承擔，否則，隨之而來的債務壓力，在完全沒有避險空間的運作下，不但無法獲得更好的生活前景，還可能得要認賠殺出，甚至降低自身的信評條件。

區域的價格，是看是以「哪裡」為核心來判斷蛋黃區與蛋白區，以台北市來說，大安區、信義區是公認的蛋黃區，但若是範圍設定在信義區內，也有該區域內的蛋黃區和蛋白區，都會影響到購屋成本。

軌道沿線及重大建設的購屋思考，要看的是「未來」的規劃，現在既成事實以不可追。以捷運來說，若是想購買的物件在未來捷運沿線，要看距離車站多遠，如果只是在「線上」，首先要面對施工期間的交通黑暗期，完成後若離站不夠近，就不見得有那個價值。

此外，買房時從所有權狀或是謄本，可以看到許多資訊，如房子經過幾手，房貸目前是幾胎，目前的所有權人是誰等。

建物謄本圖說

類型	無電梯公寓
1 主要用途	通常分為一般事務所、工業用、商業用、辦公室、住家、此物件為住宅用途。
2 登記日期	前屋主購買的時間，若買入時間短，可能為投資客。
3 原因發生日期	「簽約日期」，有別於第二項「登記日期」是指過戶完成登記之日期。
4 登記原因	購買用意，通常分為買賣、第一次登記、贈與、繼承、拍賣等。
5 所有權人姓名・地址	所有權人「姓名」、「住址」。
6 權利人	房屋的抵押對象，通常是「銀行」，若有多位權利人，則表示該物件有設定一胎、二胎以上的權利人。
7 權利價值	通常銀行設定的權利價值，會比實際貸款金額多 20%，因此將其除以 1.2，大約就是屋主貸款金額，可藉此反推屋主的成本價。例如：該物件是 551 萬，除以 1.2 等於 459 萬，就是屋主借款金額，若以貸款 8 成來算，將 459 除以 0.8 等於 573 萬（即屋主買入的價格），但因無法確知屋主的貸款成數，資訊僅供參考。
8 設定權利範圍	所有權人持有的部分，標示為「全部」，即「屋主」持有全部範圍。

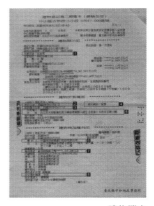

建物謄本

坪數灌到 15 坪，真的比較好貸款嗎

有些小坪數建案，建商會將「總坪數」灌到 15 坪以上，讓買家較易申辦貸款，但是這樣的物件，公設虛坪多，且各家銀行對套房的定義不盡相同，通常有認定權狀 15 坪以下的，也有認定室內坪數（扣除公設後）12 坪以下的，因此，就算權狀 15 坪以上，遇到以室內坪數做為審核條件的銀行也起不了作用。

TIP 為何新房子的公設比較高

2005 年七月後，建築法規定「八樓」以上的新大樓，為呼應消防安全，並且避免煙囪效應，必須要設計雙逃生梯，此後的「公設比」普遍都超過 30%，所以選擇 2005 年七月以前蓋的「中古屋」是不錯的選擇喔，但是還是要留意逃生動線的流暢，以免多了室內空間，卻增加了住家危險。

房屋價格 = 地段（土地成本） + 建材 + 工資 + 利潤

買屋及裝潢成本分析：

自住也需考量未來轉手價值

買房子的花費除了購屋成本之外，還有讓生活機能完善的費用，可能是硬體的裝潢費、採購傢具設備等，因此建議看房時要留一筆預算，作為滿足生活的調整費用，這筆錢的金額高低，每個人的認知不同，有人只要房子不漏水無壁癌傢具買一買擺進去就可以住，有人講究生活環境的美感及舒適，有人是從舊家要搬進新家，什麼要保留什麼要新購都會影響到預留費用的多寡。

根據購買的房子屋齡，新屋約可抓房價的 5 ～ 8%，中古屋還可能有電線、水管更新等基礎工程費用的產生，約可抓房價的 10 ～ 15%。

TIP **老屋房價加裝潢費，不應高於該區新屋房價**

老屋每坪裝潢單價	+	老屋每坪單價	<	新屋每坪裝潢單價	+	新屋每坪單價

屋齡屋況和裝潢的關係

類型	屋況特色	裝潢可動幅度	裝潢預算粗抓
預售屋	1. 由於尚未施工，因此在客戶變更前，格局可動性較高。 2. 採光、通風問題，可在客戶變更期間的格局調整中，妥善解決。 3. 除了無法更動的排水、糞管等公共管線之外，可動性比其他類型的房子更高。	1. 客戶變更期間，除了結構板牆外，格局可依居住人數、所需機能適度調整。 2. 包括建材（門板、地坪）、衛浴、廚房設備，都可在客戶變更期間退掉，選擇自己想要的材質與品牌。 3. 除了受法規限制不可更動的部分，大部分的設計都可更改。	1. 約 1 坪 NT.5 萬～ 8 萬元。 2. 由於基礎工程無須更新，預算多半著重於材質選擇，生活機能的滿足，以及風格營造。 3. 看屋時需注意房屋坐向，了解採光、通風的條件，以及附近是否有嫌惡設施或不好的景觀需要遮蔽。
新成屋 **（5 年內）**	1. 多半已包含地坪、天花板的基礎裝潢，以及衛浴、廚房等設備。 2. 看屋時即可得知實際採光、通風與格局配置，了解隔間、基能是否符合自己的需求。	1.5 年以內的新成屋，多半無需更換管線，可節省基礎工程預算。 2. 若非板牆結構的隔間與格局配置，可以隨屋主需求適度更動。 3. 衛浴、廚具等設備，若無特殊需求，通常無需更換。	1. 約 1 坪 NT.5 萬～ 8 萬元。 2. 由於基礎工程無須更新，預算多半著重於材質選擇，生活機能的滿足及風格營造。 3. 看屋時需注意房屋是否在結構梁柱處明顯有凹凸不平、裂縫過大，則結構安全堪虞。
中古屋 **（6 ～ 20 年內）**	1. 水電管線老舊需要替換。 2. 容易出現漏水、壁癌等問題。 3. 格局配置可能不符合使用需求，需要大刀闊斧更動。	1. 除了板牆結構，及受到法規限制的部分不可更動外，中古屋若想改變格局，必須大費周章拆除重做。 2.6 ～ 20 年的中古屋的水電管線，必須要更新。 3. 中古屋的廚房、衛浴設備可能需要更新（視屋齡與個人需求而定）。	1. 約 1 坪 NT.10 萬～ NT.12 萬元不等。 2. 中古屋的裝修預算首先會花在水電管線重新配置的基礎工程，以及符合居住需求的格局調整上。 3. 看屋時需注意房屋是否結構梁柱處明顯有凹凸不平、裂縫過大，則結構安全堪虞。以及是否過度裝修，掩蓋漏水、壁癌等相關問題。
老屋 **（20 年以上）**	1. 水電管線老舊需要替換，甚至可能有電量不足，需要補申請的狀況。 2. 常見漏水、壁癌等問題。 3. 格局配置可能不符合使用需求，需要大刀闊斧更動。	1. 除了板牆結構，及受到法規限制的部分不可更動外，中古屋若想改變格局，必須大費周章拆除重做。 2. 老屋的水電管線必須更新，若家中用電量高，甚至可能需向台電補申請更高的電容量。 3. 老屋的廚房、衛浴設備多半老舊，必須更新。	1. 約 1 坪 NT.10 萬～ 12 萬元不等。 2. 老屋的裝修預算首先會花在水電管線重新配置的基礎工程，以及格局調整、設備更新。 3. 看屋時需注意房屋是否有明顯凹凸不平的裂痕，結構堪慮，以及是否為投資客過度裝修，掩蓋漏水、壁癌等相關問題。

【練習 1】
製作看房物件需求表

有如「購屋名片」　■
集合眾力幫你找房　■

好房難尋，找到適合自己的房子之前，看過上百間房都不誇張，但個人力量有限，不妨善用房仲的專業來幫你過濾物件，節省自己看房的時間精力。房仲也有業績壓力，不會做沒有效益的事，為了有效溝通購屋條件，製作一張專屬於你的「買方需求表」，是必要的功課，內容須包含你的聯絡方式、區域設定、開價、坪數、房數、屋齡、交通需求、屋況屋型、公設比、單層戶數、是否有管理、空間條件等，通常寫得越清楚，房仲也能越精準掌握你的需求替你搜尋目標。

▌填寫範例

買方需求表	屋況特色
姓名	○○○ 先生／小姐
聯絡電話	0988-000-XXX
E-MAIL	xxxxxx@xxxxxx.com
開價	1000 萬
區域設定	大安區、信義區、松山區
捷運站	板南線（後山埤→善導寺）、松山線、信義線（全線捷運站）
屋齡	15 年以內
坪數	權狀 15 坪以上
房間數	1 大房或有改為 2 房的可能
屋型	平面、挑高 3 米 6、挑高 4 米 2、挑高 4 米 5
空間條件	要有隔間、空間彈性夠，小家庭能入住，不可是只放床和沙發的傳統套房
租金行情	兩萬以上
管理組織	有，且管理員室為 24 小時有人
公設比	不可超過 30%
單層戶數	8 戶以內
聯絡方式	晚間 6 點以後可電話聯絡，亦可傳簡訊或使用 e-mail

填入你自己的條件吧！

買方需求表	屋況特色
姓名	
聯絡電話	
E-MAIL	
開價	
區域設定	
捷運站	
屋齡	
坪數	
房間數	
屋型	
空間條件	
租金行情	
管理組織	
公設比	
單層戶數	
聯絡方式	

TIP 廣發英雄帖

「買方需求表」等同你的購屋名片，讓看的人一目了然且印象深刻。搶手的物件常在未曝光前就成交了，培養人脈等同創造機會，想找到好房子，千萬不要排斥和仲介打交道，號召仲介朋友幫忙找出理想屋。若已鎖定的某棟大樓，可和管理員商量，若有物件釋出請通知你，日後成交以紅包酬謝。

周邊環境

看時沒注意，
住進去辛酸無人訴

除非是投資用，不論打算住多久，家是每天生活起居的避風港，如果周遭環境不佳或有擾鄰的人事物，真的事不勝其擾，還不能瀟灑地說離開就搬走。因此在看屋時，要分出注意力在房屋周邊的環境，最好提早到附近步行逛逛，看看是住家為主或商家種類，鄰里停車的情況是否有秩序，有無抗議的布條標語，即使是有學校或公園綠地，也可能隱藏著陷阱。

鄰近空地是永久或暫時

近年來政府以提升容積率作為獎勵，鼓勵興建綠地，看屋時發現旁邊有公園，要留意是否為建商養地的假公園，通常會立有告示牌。鄰近空地為停車場，需了解地目、用意。

若沒有注意，目前雖然棟距寬、採光好，隔幾年旁邊的空地卻蓋起大樓，遮蔽採光、景觀之餘，也會影響自有房屋的價值。

屋頂裝抽風機，多半是做吃的

若是碰到低樓層的物件，記得看屋時要打開窗戶向外看，如有看到屋頂抽風機，多半都是做生意的店家裝置，通常又以做吃的為主，馬達噪音、熱氣、油煙、食物氣味等等，都會影響住家生活品質。

窗外面操場，鐘聲訓話聽不完

房子在學校旁邊，看似有永久棟距、操場運動休閒、居家隱私高，不過實際上每小時上下課鐘聲、朝會升旗的廣播訓話、體育課、放學時的吵鬧聲、假日運動會的廣播喧嘩……受噪音干擾的程度不會比鄰近幹道的車聲小，若是平日在家時間長或在家工作者，也是必須思考的問題點。

俯視橋面若為精華地段可談價

高架橋正旁邊的物件，噪音汙染嚴重，這種物件通常自住購屋族多半敬而遠之，但若「樓層高過高架橋」、「馬路面寬夠」就可重新考慮，噪音程度相對低很多，也可裝「氣密窗」杜絕聲音和灰塵，也可能爭取到一些議價空間。

TIP 低樓層，若有樹海景觀或露臺專用未必不佳

同樣一棟建案的高樓層和低樓層物件，往往有價差，在通風良好，管理佳且安全無虞的前提，有些低樓層還會有樹海或是露臺專屬使用的優點，是購屋時可以評估的點。

嫌惡設施

以不損害生命 財產安全為前提

目前對「嫌惡設施」的認定，大致可分為三大類：一是對「生命安全」造成威脅的設施，如：起降噪音大且有飛安顧慮的機場，油氣易燃的加油站、瓦斯槽，會產生廢氣廢水等汙染及工安意外的工業區，容易產生電磁波影響人體健康的高壓電塔、基地台（手機訊號中繼站）、颱風暴雨導致溪水暴漲的河流等。

二是對「生活安寧」造成干擾的設施，像是：宮廟神壇（同棟有宗教集會所）、焚化爐、殯儀館（禮儀公司）、停車塔、墳墓、汙水管、垃圾場、高架道路、棒球場、學校、傳統市場、特種行業等。

第三類是屬於「心理或風水層面」嫌惡情況，例如「凶宅」雖或未對房屋造成直接物理性的損失傷害，但就一般社會大眾來說，在心理層面會產生負面嫌惡之情，對生活在其中的心情造成劇烈影響。醫院為病人居住，病菌彙集，且住院之人，運氣必滯，如此多的滯氣積聚在一起，勢必對周邊氣場有重大影響。

要避免買到凶宅，除了多打聽社區狀況，也可向里長、消防隊、鄰居、仲介詢問，避免買到凶宅。網路上也有凶宅資訊網可供查找，買方若未被告知而買到凶宅，也可以依據《民法》瑕疵擔保，要求賣方減少價金或解除契約，若仲介隱匿凶宅交易資訊，仲介跟加盟店也要負連帶賠償責任。

三大類嫌惡設施

類型	無電梯公寓
對「生命安全」造成威脅	機場、加油站、瓦斯槽、高壓電塔、基地台、工業區、河流等
對「生活安寧」造成干擾	宮廟神壇（同棟有宗教集會所）、焚化爐、殯儀館（禮儀公司）、停車塔、墳墓、汙水管、垃圾場、高架道路、棒球場、學校、傳統市場、娛樂場所、特種行業等
「心理或風水層面」嫌惡	凶宅、醫療院所等

千萬避免買到輻射屋、海砂屋

「海砂屋」會引起水泥剝落、鋼筋裸露而影響建築結構安全；「輻射屋」則是危害住戶健康，看屋時可多方打聽，並觀察梯間有沒有水泥剝落的現象，並可請檢測單位鑑定。

· 輻射屋可至「行政院原子能委員會」輸入地址查詢即可 http://gamma.aec.gov.tw/ray/house.asp

· 海砂屋可至「工研院」、「土木技師公會」辦理檢測，費用約 NT.4,000 ～ 5,000 元，檢測一到二週可知結果。

TIP 當嫌惡設施碰到精華地段時

即便是「忠孝東路」的物件，噪音也不惶多讓，例如：「復興北路」沿線都是「文湖線」的捷運噪音、「市民大道」車聲吵雜、「行天宮」旁的「殯儀館」等等，多年來，這些地方的房價並無「凍漲」，說到底還是「地段」！

房屋的坐向、樓層

關乎居住的品質及舒適度

房子的坐向及開窗面，是決定室內通風和採光的關鍵，若注重風水，宅卦的坐、向更是一大關鍵。

傳統有座北朝南為佳的說法，不過台灣緯度較低，朝南等於一整天都會接收到日光照射，比起東西向日照更足同時也會有較炎熱的疑慮。現在普遍居住人口密集的都市，房屋之間的距離和樓高，過往農耕鄉居時期流傳下來的觀念不見得適用，反而要視住宅所在建築與周邊環境的關係來判斷座向是否住起來舒適。開窗位置若是在東北向，冬季寒冷的東北季風直灌室內，或西南向開窗，夏季潮濕的西南季風，有時會帶來反潮現象，此時不宜開大窗，且要注意室內能否讓風舒緩對流。此外，還有因高樓建築形成的大樓風，以及俗稱壁刀產生的強勁風切，會導致住起來不舒適，都是要注意的細節。

在風水宅卦的坐、向，是以「外格局」決定，獨棟式住宅沒有疑問，公寓、大廈建築則以整棟公寓、大廈進出的大門來決定。封閉社區建築則以管理員旁的進出大門來決定卦向，而後才參考自宅大樓的卦向。一般人在自宅中心點上，以面向大門位置所定出之卦向，那是錯誤的方法。陽宅分為外六事與內六事。以外六事為主，看的是大環境風水，而內六事為輔，外部環境無法改變，只能制、化，但屋內格局自己擁有自主權，只要不涉及結構安全，敲樑、拆柱、打牆，傢具愛怎麼移、怎麼換，只要礙不到別人，誰也管不著，所以才有提出研究探討的價值。一般人對方位的認識只限於東、西、南、北，而且大多認為早上太陽出來的方向就是東方，實際狀況並沒有這麼單純到可一概而論。因為一年四季，太陽出來的位置並非一模一樣，角度最多會差到 40 度之多。所以不可用目測來決定方位，否則誤差就大了。

各層樓高的優缺

樓層		優缺點
1 樓	優點	發生意外時，如地震、火災等事故，一樓當屬最容易逃生的樓層。
	缺點	易受馬路汽機車廢氣、揚塵、噪音影響。一樓也易有返潮，且更易受蚊蟲的侵擾。此外，一樓還最易遭竊。
2 樓	優點	相對一樓來說較安全，尤其對有小孩的家庭而言。
	缺點	和一樓的不足之處一樣，且在 4 到 5 樓高的公寓，2 樓是管線銜接處，容易產生問題。
3 樓	優點	綜合各方面條件，如果 4 到 6 樓高的住宅，3 樓相對理想。
	缺點	舊式公寓沒有電梯，平時爬三層樓梯不算什麼，但若是搬重物如洗衣機、沙發等，就沒那麼簡單了。
4 ～ 6 樓	優點	從環境的角度來看，安全性最好。
	缺點	若無電梯，年長或行動不便者，上下樓是個難題。
7 樓	優點	對於高層住宅樓，7 樓是黃金樓層段。這個樓層安靜，不受馬路上廢氣影響，也不至於讓人達到恐高的程度。
	缺點	7 樓及以上的樓層，對有心血管病、眩暈的人來說，不適宜居住。
8 ～ 16 樓	優點	從 8 樓到 16 樓及以上樓層，若棟距適當或周圍無更高樓，一般來說採光良好，有遠眺的景觀。
	缺點	如果在這幾層上下有設備層或排放廢棄物的管道，那麼這幾層所受的影響是最大的。
16 樓以上	優點	視野佳，空氣清新。
	缺點	發生火災時不易逃生，且火災時散發的濃煙毒氣都是由下向上擴散。
頂樓	優點	發生火災時可從屋頂施救。一些樓房頂層還加裝了附屬設施，更增加了施救的可行性。
	缺點	若高層住宅樓水壓較小，有時會出現停水的現象。有日曬炎熱、屋頂漏水、裝設基地台等問題。

TIP 大樓的中段樓層普遍較佳

有此一說，從水壓、逃生、採光、噪音問題等各方面來看，大樓的 1/3 到 2/3 層的樓高較佳，以 21 層的大樓為例，它的最佳樓層是 7 ～ 14 層之間，不過實際上還是要看大樓的中繼馬達、消防等設計如何規劃安排。

你在意風水嗎：

快速提示了解風水的義涵

有句話說：「門、主臥、灶為陽宅三要」，意思就是在居家風水中，「門」的方位、「主臥」的位置與「灶」的方位，是一定要注意的要點，然而這些區塊主掌的風水意義又是什麼，以下就歷史傳統與風水論點快速簡介。

大門、玄關主掌事業與財運

住宅出入的主要通道是大門，在風水學中，大門主掌全家人的事業，而進門後的玄關處則稱為內明堂，因為緊貼著主掌事業的大門，所以象徵著因事業上所雖知而來的財富，因此玄關在風水上主財路，也就是大家口中的財運。既然有內明堂，當然就有外明堂，外明堂指的就是大門外的區域，主要掌管事業外的區域，在風水上主遷移、人際關係以及對外業務的推廣，對於財運與事業運也有影響。

臥房代表個人事業與財運

屬於個人私密空間的臥房，在風水上主掌個人綜合運勢，其中包含個人的事業、財運和婚姻等。如同大門與玄關的關係，臥房的房門在風水上主要掌管個人的事業前途，而臥房門外的空間就好比外明堂，代表個人的對外人際關係以及遷移運勢，臥房房門進來的地方就是內明堂，則掌管個人財運。

臥房內的梳妝檯也和個人財運密不可分，古代女性用來藏放嫁妝等值錢首飾的地方就是梳妝檯，因此梳妝檯在風水上主掌個人的私房錢。若是單身者的房間，不論男女最好都要設置梳妝檯，才留得住私房錢，如果是與室友或家人共用梳妝檯，則兩人財運皆會受影響，至於夫妻兩人同住的主臥，建議可以靠向財運較佳的人，讓財運好上加好。

廚房格局攸關財庫盈虧

古時候要看這家人有沒有錢，從餐桌上的食物就可窺見，因此製作料理的廚房在風水上代表財庫，也是理財能否增財的風水位置，而錢是否留得住，廚房的格局就顯得相當重要。廚房中不可少的瓦斯爐，也就是古代的灶，象徵錢財的吸收力、財庫的守護力以及全家人的健康，此處若是規劃得宜，錢財自然易進，財庫也就飽滿，這也是為什麼「開門見灶易漏財」的原因，因為這樣的格局等於讓錢財外露，財富流失也是自然的事情。

住宅風水常識測驗

是非題 （答對一題得 1 分）

□ 1 買房子只要自己喜歡就好，不用理會迷信的風水。

□ 2 大門外的空間不是我家，髒亂一點較不會引來竊賊覬覦。

□ 3 大門、後門一直線，是通風極佳的好宅。

□ 4 交通方便、生活機能佳，也是良好居家風水的條件之一。

□ 5 看房子時注重格局，就能買到風水好屋。

□ 6 位於巷子末端的房子，就是清靜的好宅。

選擇題 （答對一題得 1 分）

□ 7 測量居家風水方位時，可使用的工具有：A 羅盤 B 指南針 C google 地圖 D 以上皆是 E 以上皆非。

□ 8 住宅大樓的外型形狀最好是：A 三角形 B 上大下窄型 C 方正形 D 圓頂形。

□ 9 住家中的廚廁不可在哪個方位？ A 東方 B 南方 C 西方 D 北方 E 正中間。

□ 10 住家進門後，最不宜先看到哪些空間？ A 廚房、臥室 B 玄關 C 陽台 D 客廳。

解答

1（X） 風水並非全是迷信，而是有邏輯推理的科學根據，舉例來說，風水上認為採光好、格局方正的房子是吉屋，這樣的房子住起來舒適、心情好，心情好自然也會影響到各項運勢的發展，是相輔相成的道理。

2（X） 大門外的空間在風水上來看是主管業務推展，若是不打掃乾淨使之明亮、清潔，不但會引來鄰居不滿，也會影響運勢，且財神也會不願進入髒亂之家。

3（X） 前後門一直線是風水上的「穿堂煞」，會導致破財、財運不佳等狀況，最好能設置屏風或玄關，以免錢財留不住。

4（O） 居住的便利性是現代人購屋的重點，住家是否距離捷運站近、停車位是否好找、覓食是否方便等，都應該列入考量範圍。

5（X） 看屋時應注意形煞、味煞、音煞，因此屬於形煞的格局固然重要，是否會聞到隔壁家的油煙味、是否有潮濕發霉味、是否聽得到噪音等，都必須仔細觀察與評估。

6（X） 巷子終止在房子前的格局，風水稱為「無尾巷」，雖然除了住戶較無人會進出，但遇到火災時卻可能無路可逃，且隨著巷子進來的煞氣也會聚集在此，容易影響健康與財運。

7（D） 居家空間難免會受到電器的電磁波和輻射等影響，在使用羅盤與指南針時必須先在戶外測量，且最好多點測量較為準確。

8（C） 方方正正的大樓外觀是最佳的選擇，從高處俯瞰若大樓呈三角形或有缺角，有著缺東缺西的意涵，也就容易缺財；若是下窄上大的大樓，因頂樓加蓋造成此形狀，就像大頭娃娃頭重腳輕，易有負債的傾向；圓頂形的大樓像墳墓，也不適合居住。

9（E） 住宅的中心點代表家運興衰，讓充滿汙穢之氣、油煙的廁所或廚房居中，是大大不利的格局，會使全家臭氣流竄，導致疾病不斷。此外，廁所也不可在廚房內，不但水火相剋，還會有耗財、漏財的結果。

10（A） 住家的格局順序必須內外分明，外指的是與外界相通場所，如客廳；而內則是較私密的區域，如臥室、廚房等，因此進門若即見臥室或廚房，客廳反而隱匿在最後方，是屬容易破財的內外不分格局。

分數統計

10 分：恭喜你！對於居家風水非常有概念。

8 分以上：不錯喔！再多留意小細節就更棒了。

6 分以上：普普囉！加強一下居家風水知識會更有幫助。

5 分以下：小心了！購屋前請多做功課，實地仔細觀察為佳。

常見風水問題及解法：

理性看待、合理化解

想要好命過日子，擁有舒適的居家空間絕對是第一步，因為住得好才有好心情，有了好心情自然就會萬事順心，財運和事業運都會旺到擋不住。

看似無害的居家周邊及內部空間中，可能暗藏了許多意想不到的風水大忌，阻擋財運與事業運，甚至影響健康。風水一說信者恒信，不過即使自己不相信，但若親友每次造訪都要提一提，也難免造成心中疙瘩，以下就環境及科學的角度，提出一些導致壞風水的情況，以及透過室內設計化解的方式。

選屋要避免！住宅周邊壞風水

忌高樓圍繞或被左右兩棟高樓夾住

住宅四周若被高樓圍繞或被左右兩棟高樓夾住，光線進入室內會受到阻礙，一旦日照時間很短，便容易導致屋內濕氣、陰氣重，住在裡面容易產生內分泌混亂、皮膚免疫系統失調、情緒不穩等情況。

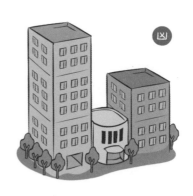

房子之間的棟距不可太近

居家室內採光必須充足，哪怕是東西曬的房子也比棟距太近，或不見陽光日曬的暗屋好。暗屋住久了，容易造成心胸狹窄、胸悶、憂鬱症，另也會使事業不順、思想怪異。

不可臨近高壓電塔及變電站

房子座落在高壓電塔及變電站附近，是電磁波幅射最強的地方。電磁波對人的影響是透過血液及內分泌直接作用到全身，初期症狀是頭痛、睡眠品質差等等，久了則容易產生各種內臟的癌症病變。

大門前方不可有高架道路、人行天橋

門口若有高架道路、人行天橋，會被擋掉大部分的日照及視線，同時室內的隱私會被不相干的路人看得一清二楚，讓居住者心裡沒有安全感。

回型建築使風難以進入

回型的建築物不易讓外面的風進入，進入後也在內部滯留、迴轉，形成死氣、穢氣而出不去。萬一遇火災，也容易產生「煙囪效應」，形成火勢時會瞬間集中向上，並出現悶燒的情況。

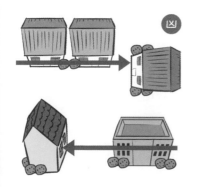

避免壁刀煞匯集過大的風量

住宅環境通風良好，但要留意風流聚集問題，是否沿著建築牆面迎面而來，當建物越高、寬度越長，且距離越短，聚集的風量就越多，形成的傷害就越大。這所產生的稱之為壁刀煞，主要會影響人體健康，其次是錢財容易被沖散掉。

大門勿正對直梯，讓氣直接往下流

一般樓梯基於安全考量，一定分為兩段式，如果開門正對
直通到底的樓梯，一則會沒有安全感，二則有走下坡的潛
在暗示心理作用，三則是空氣直接往下流，門口聚不了
氣，連帶也影響家中運勢。

1樓地面低於道路路面，空氣無法順利流通

1樓地面若低於道路路面，不但會讓氣流滯留在屋內，無法流
通、換新，形成穢氣；還有逢雨必淹的災難，更慘的是店面
生意每況愈下，公司業績節節下滑，甚至無法存續。

汙濁水通過，身體普遍不好

屋外有水流過時，仍要檢視是否為汙濁水源，居住在臭水
溝、汙水池附近的居民，身體普遍不好，腎臟容易生病、
男女關係複雜，甚至打架、爭吵、爭風醋事件頻繁。

反弓水導致不易聚財、傷身體

反弓水又稱鐮刀煞，會導致不易聚財、傷身體、易遭意外。
力學中也提到，任何東西在轉變時，都會向外產生分力，所
以，車子不管來或去，所產生的分力雖看不到，但都會對房
子發生作用。

避免穿心水，將所有福氣給沖散掉

穿心水俗稱路沖，即丁字路口正對馬路的建築，汽車無時
無刻的直衝而來，不斷的承受氣流、煞氣的連續直接作
用，福氣易全給沖散掉；到了晚上汽車車燈又直射而來，
造成嚴重光害，或導致身體內分泌失調的情況。

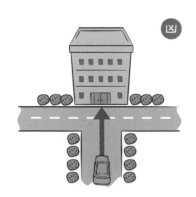

水從屋子底下流過，錢財易留不住

若住宅的建築形式是有水從底下流過，諸如大、小排水溝等，住於其中的住戶易有錢財留不住的問題，水溝越大、越髒，影響力就越嚴重。另外水流經過不同位置，也易對人體有不同的傷害，如經過爐灶，全家胃腸、消化系統易出問題；若經過睡床，睡在此床上的人，身體易有筋骨酸病、骨折等等情形。

NG 屋型！房屋本身風水忌

大門不可直接對後門，房子不易聚氣聚財

室內門與窗，是全戶對外交換空氣的通道，如果進、出動線在一直線上，尤其是比窗戶大的前、後門，空氣進入室內後急速通過，而不會在室內稍做逗留，形成穿堂風。如果是徐風不斷的吹向身體，人會覺得蠻舒服，但若換成強風不斷吹至身體，易感冒生病外，屋子也無法聚氣。房子聚不了氣，住在裡面的人自然也聚不了財。

中央有樓梯、廁所或廚房，好氣聚不住

房子的中央是全屋動線的樞紐，如為樓梯、廁所或廚房，前兩者容易使得屋內好氣聚不住，相對錢財四散留不住，後者則因油煙、一氧化碳等廢氣滯留全屋，使人整天頭昏懶散，家運當然也會不理想。

以上插圖繪製 _ 張小倫

TIP 屋內不可有漏水、水管也不可阻塞

屋內漏水，長久下來容易發霉、產生壁癌，導致過敏或氣管出現問題，因此，選屋時一定要留意天花板或牆壁是否有漏水問題。另外，室內水管也要留意，選屋時可以倒一盆水到每一個排水口來觀察是否能通暢無阻，若排水不順，會使得室內易淹水或濕度過高，形成生活不便與健康受損。

常見屋內格局煞型

中宮煞

問題源：將房子畫分為九宮格，中央區域若剛好為廁所、
廚房或走道，則是中宮煞。中宮如同心臟，影響家運最
甚，中央若有穢氣，易讓家運不興；若為廚房則易影響
健康及財運。

化解法：欲化解中宮煞，在配置格局時盡量將廚房、衛
浴、走道等避開中宮位，若無法完全避除，可將位在中宮的廚房、浴廁或走道的環境中，
加設照明或是綠色植物，來順暢此區的氣流循環，以達到改善作用。

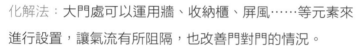

穿堂煞

問題源：大門正對後門或後落地窗而中間沒有阻隔，進出
之間拉成一條線，形成前門對後門的穿堂風，使家中氣不
易聚集，旺氣直瀉而出，既不易聚財也容易破財外，屋主
還須注意心臟方面的循環問題。

化解法：大門處可以運用牆、收納櫃、屏風……等元素來
進行設置，讓氣流有所阻隔，也改善門對門的情況。

入門煞

問題源：入門煞常見的 3 種情況為「開門見灶」、「入門
見廁」、「入門見鏡」，第一種因為廚房五行屬火，火剋
金，易導致財氣不進；第二種則有一入門時，視線直接對
到家中隱密的居所，易使貴人全失；最後一種因開門見鏡、
鏡中有門，容易引發小人及外在爭端。

化解法：修飾廚房門、廁所門的存在感，抑或者改變大門進入方向來做化解；另外，最
好也改變鏡子的擺放位置，或是改用深色茶玻鏡面取代，減緩煞所帶來的影響。

破腦煞

問題源：破腦煞意指環境中不當的格局衝擊腦部，這可能造成主人神經衰弱或是睡不安
穩、多夢……等問題。此外，臥房中床頭後方若為廚房、走道或廁所，又或是床頭處、

沙發、書桌坐椅等，有壓樑情況，亦是破腦煞，同樣會有擾亂思慮的情況。

化解法：改變臥房格局或床的座向與位置，若有壓樑可在裝潢時，以修飾天花板，或是透過燈光、櫃體等設計，來消弭橫樑的存在感。

穿心煞

問題源：大門上方有樑與門成直角穿越而過的情況，即為「穿心煞」，家中格局出現這種煞型，容易發生令人扼腕的感嘆之事。另外，夫妻房間中若出現與床平行的屋樑，並將房間天花板一分為二，這同樣也屬於穿心煞的一種，居住其中易有口角、分離的情況。

化解法：天花板、間接燈光方式來修飾大樑突出時的直角，又或者在裝潢前在樑下埋入麒麟雕塑品，亦有鎮煞作用。

迴風煞

問題源：同一室內空間中，同一面牆存在著兩扇門即屬於迴風煞，雖然出入方便，但難以聚氣、聚財，並且也不利家中男性的健康。若在臥房中有迴風煞，代表房間主人易不安於室，當心出現爛桃花及感情糾紛。

化解法：同一室內都不適合開兩扇門至同一室外，最好能將其中一門封死，並以大型櫃體遮蔽，以看不到、進不去為原則。

以上插圖繪製 _ 黑羊

TIP 藉由室內設計化解風水疑慮

玄關、走廊空間中常見穿心煞、入門煞、穿堂煞等，甚至還有入門見廁、見灶等情況，多半能夠透過設計化解，如隔屏、格柵、收納櫃、端景牆等設計，改善屋主在意的風水問題，也讓整體更為美觀。

【練習 2】

排出自己的決策關鍵

沒有完美的房子，但要 ■
排除無法接受的屋況 ■

買房前看過上百間房子也不為奇，多看多比較、向親友專家請益之外，自己做一份詳細的看屋記錄，更能幫助自己有效且系統化累積經驗，哪些情況是完全不考慮要排除的物件，哪些點看似 NG 卻不是關鍵問題或可以改造，這些記錄可時不時拿出來翻找比較，碰到兩個物件互相比較時，也能有個相對客觀的檢核表幫助自己衡量決定。

▍看屋評分檢核表

物件地點：
看屋日期：

項目	評分標準	內容	得分
重大瑕疵	是得 1 分，否得 0 分	土地和建物是否都有獨立權狀？	
		房屋座落的土地如有多筆，土地和建物所有權是否為同一人？	
		賣方和屋主是否為同一人？如果不是，是否有授權書？	
	否得 1 分，是得 0 分	是否為輻射屋？	
		是否為海砂屋？	
		是否為事故屋？（向左鄰右舍探問、至警局查詢紀錄或上網搜尋）	

環境	是得 1 分， 否得 0 分	戶外景觀是否有讓人視野開拓、心曠神怡的加分效果？
		到公車、捷運站途中的路燈照明是否完善？是否有商家？
		停車場、門口、樓梯是否有照明設備、錄影系統或警民連線？位置會不會太偏僻？
		若需與鄰居共用大門，大門平日是否關閉？（觀察進出門禁安全）
		鄰近住家是否安寧？
		如有公設，公共設施使用率高嗎？是否有人管理？
		是否有管委會？管委會運作順暢嗎？
	否得 1 分， 是得 0 分	附近有無工地等治安死角？
		周圍是否雜草叢生、該區空屋率高否？
		如有停車場是否有違規停車？（可從住戶車輛數與品牌，觀察社區住戶的數量與經濟能力）
		附近是否有嫌惡設施？（如福地、焚化爐、殯儀館、垃圾掩埋場、電塔、發電廠、變電所、加油站、宮廟等）
		附近是否有風化場所？
		交通顛峰時，是否出現塞車、噪音、空污等負面情形？
		進出人員複雜嗎？
		樓梯間和頂樓是否堆滿雜物？每戶門口是否擺設鞋櫃？
地段	工業區 0 分， 其它 1 分	土地使用分區和建物用途是住宅區、商業區還是工業區？
	是得 1 分， 否得 0 分	生活機能是否方便？附近有無小吃店、市場、超市、便利商店、醫療機構、銀行？
		公車站、捷運站是否走路 10 分鐘內可到？
		出入馬路、交流道是否方便？
		上班、上學通勤時間是否可以控制在 30 ～ 45 分鐘以內？
		學區是否理想？
		是否鄰近公園綠地？

重大瑕疵	是得 1 分， 否得 0 分	所選擇的區域是否人口快速增加？（人口快速增加的區域，未來增值性較佳）
		屋主的開價和附近的成交均價行情是否接近？
		屋主是否有緊急資金需求？（屋主售屋的原因為何？賣多久了？可評估議價空間）
		屋主是否為一手屋主？（多久之前買的？）
		銀行估價可貸成數高嗎？（大約多少？可貸成數_____%）
		如有車位，車位是否有獨立權狀？
		是否有固定車位？（還是需要抽籤或輪流使用？可否停得下休旅車？）
		需要裝潢調整的幅度大嗎？（需要重新裝潢，裝潢費用大約多少？）
	不計分	土地和建物是否都有獨立權狀？
收益	是得 1 分， 否得 0 分	附近租金行情好嗎？價位 NT.$_____（如果未來有需要，將房屋出租，租金收益為何？）
		房屋未來增值空間是否看好？（與地段、環境、房屋條件有關）

總分

預售屋看屋重點：

注意格局材料
把握變更期

房子還沒開始蓋就買，為的是什麼？不外是價格及可變更性，但僅憑幾張平面規劃圖與 3D 模擬圖就要下決定，聽起來風險不小，因此選擇值得信賴的建商是非常重要的。

選建商，要注意哪些面向？
以下提供標準較高的篩選提示，若越來越多消費者提出合理要求，才會帶動產品供應者改變。

一、是否為建築開發商業同業公會成員。

二、是否以永續經營為公司理念。

三、是否發生過法律糾紛。

四、是否公開提出建案詳細資訊。

五、是否願意階段性開放工地現場勘查及記錄。

六、公司成立及經營時間長短。

七、所推出的建案有較佳反應及出售率 ，了解售後服務，居住與住戶品質。

八、是否建築安全履歷協會認證，是否有履約保證之第三方支付等。

若是第一次買房，建議避開首次推案的建商，並不是說不給新血機會，也是有具理想、負責任的新建商，但畢竟買房是人生大事，若買方賣方都是新鮮人，風險是買家要承擔，這個就要各自評估了。此外，知名建設公司的子公司不見得一定是保證，企業子公司通常運作與財務都是獨立，母公司的口碑評價作風不見得和子公司有關係，還是要根據以上提到的幾點進行確認。

睜大眼睛研究平面圖

建設公司提供的傢具配置圖，目的就是要賣房子，當然是特別放大建案的優點，修飾隱藏缺點，平面圖最常隱藏的玄機，就是「尺寸的合理性」與「規劃的合理性」，舉幾個例子來說明：

1 傢縮小傢具尺寸：不同空間裡的傢具尺寸不統一，如餐椅刻意縮小，營造出可放八人餐桌的格局；或是吧檯寬度縮短，要作用餐使用並不方便。

2 沒有生活設備：廚房沒有冰箱，陽台沒畫洗衣機，實際上的尺寸與空間擺入這些設備還有餘裕嗎？

3 動線安排的合理性：走道安排餐桌，但沒算入椅子拉出還要保留人通過的空間；或是廚房規劃二字型，但其實無法讓兩個人錯身。

買預售屋，從「變更」思考

常聽到的「客變」，就是預售屋做客戶變更的意思，這裡的變更是有條件的調整，像是結構體、水電消防管路、窗戶位置大小等，是不能動的，但是內的隔間牆、地壁建材、廚房衛浴設備這些是可以調整或退掉的。不過由於建商採買建材及設備是大宗採購價，退回的費用其實不多，但做「客變」的思考點在於「用不著」和「不喜歡」。

「用不著」可能是那間小到只有一坪的暗房，或是廚房的隔間牆，「不喜歡」可能是三機設備，或是晶亮的拋光石英磚，現在想著都是新的再看看吧，最終交屋後還是透過裝修拆掉，不如當初退回部分材料費，省去到時不要又拆除的費用及時間，同時不浪費資源。

▍變更的思考

隔間牆位置	需規劃好未來空間格局，方便室內裝修銜接
插座、位置	可增加或調整出口位置，但需考慮回路配電量
退掉油漆	交屋後裝修施工還是會弄髒破壞
退掉地磚	若不合意退掉，省下未來拆除的費用，根據後續要採用的地板材，要求素地整平

買預售屋時就找設計師的優點

這樣的情況，通常出現在購屋或裝修經驗較豐富的人身上，之前已請設計師裝修過房子，與設計師理念相合配合也愉快，有一定互信基礎，不過換個角度思考，設計師處理過的空間一定比自己多，也可能提出沒想到的部分，買屋時就找設計師，只是把設計的時間提早，建商交屋後再施作。

若是已經交屋才找設計師，就只能以現況為基礎進行調整，真的有重大空間規劃的瑕疵，是屋主歡喜剛買的房子，此時設計師通常也不好說什麼早知道的事，多半是在現況下發揮。而且建商交屋時設備建建材都是新的，拆除加新做花錢耗時，但若不喜歡又要勉強自己將就，何不一開始客變或退掉，雖然拿回的錢並不多，但能照自己的喜好意思，心情上感受大不相同。

TIP 買預售屋找設計師的好處

1 協助評斷空間規劃的合理性，避免建商格局規劃其實不利使用。

2 根據屋主需求預先規劃，進行客戶變更，未來省拆除的費用。

3 將設計的時間點提前，並沒有多什麼花費用。

新成屋看屋重點

沒裝修或有裝修都要看仔細

一般提到新成屋，多半是指落成 5 年內的房子，屋齡新，建材及設備通常狀況良好，如果和自己的生活所需大致相符，通常不需要大動裝潢。這樣的房子有兩種類型：一是買預售交屋後沒住的一手房，或已經入住過的二手房。

目前推出的新成屋公設比多為 30% 以上，中庭花園、游泳池、健身房、視聽室幾乎成為大型的社區的基本公設配備，但買時要想清楚這些公設自己用得到嗎？若公設佔比太高，等於日後得付出的維護成本及公共管理費用也會增加。

此外，台灣屬於地震帶，近幾年強震發生都有造成建築災損，因此購買新成屋之前應詳細了解建案所在位置是否位處土壤液化區，結構設計是否符合耐震標準，對於施工品質等應不厭其煩的詢問清楚。

有裝修或實品屋
實品屋多半標榜一卡皮箱入住，不用煩惱規劃生活機能，如果規劃的需求和自己相符，其實也是不錯的選擇。相對的因為裝潢已經完成，若要事後追加設備如全熱交換器、地暖等，會有管線及破壞裝潢的問題。

至於已有裝修的新成屋，則要看前任屋主是投資客或打算自己後來轉手，對現有裝修比較大的疑慮會在「好不好用」及「健不健康」兩方面，尤其是投資客裝修，已可能只是做表面工夫，不見得完善考慮過生活機能，建材等級也難以確認，是必須思考評估的點。

沒裝修或沒有過度裝修

較容易判斷屋況是否良好，較無缺點被裝潢掩飾的情形。若打算裝修，好處是能一次做到位，不會因為現有裝潢都是嶄新的而猶豫將就。

新成屋比較貴嗎？

「中古屋的開價，會比新成屋便宜許多」是多數人的既定印象，不過這幾年房市趨緩，價格的分野不像過去那麼清楚，每個區域的情況也各不相同，就台北市文山區來說，近30 年舊屋的價格和 5 年內新成屋價差不過百來萬，但省去改善屋況的基礎裝潢費用，相較之下中古屋不見的一定便宜。

其次是從市場面來看，新成屋推案量比較大的區域，購屋的議價空間也會比較大，舉例來說，新北市人口密集區的中和、永和區新成屋的議價空間假設是 10 ～ 15%，到了餘屋量比較大的淡水、林口區的新成屋建案時，議價空間就有機會拉大到 15 ～ 20%。這麼做的前提是必須自己能接受當地的環境，絕對不能因為便宜而去買自己不喜歡地段的房子。

TIP 買新成屋留意建商情況

為了避免買了新房子後建商就倒閉了，後續出現問題求償無門，審慎挑選建商也是必要的功課。

中古公寓看屋重點 ：

屋齡普遍高
需仔細確認屋況

無電梯的公寓，因為公設比低，花一樣的錢多半能獲得更充裕的使用空間，高性價比吸引資金有限的首購族，但就要面對無管理要自己倒垃圾、收信，公共區域環境這些情形。以雙北地區來說，公寓的屋齡普遍在 20 年以上，管路、建材等基礎設施可能都已老舊，也多半有著壁癌漏水的問題，還有就是過去的建築法規對耐震及室內裝修審查的要求沒那麼高，結構是否安全無虞也是必須審慎評估的一環。

分析賣家裝潢中古公寓的心理

若是屋齡已經 20 年以上，也打算將房子出售，為什麼賣家還要大費周章裝潢完在賣呢？原因不外乎是要掩飾房屋問題，讓房子「好賣一點」，這樣的情況通常不會是根治問題的做法，多半是粉飾太平，盡可能壓低裝潢成本，讓房屋體質不佳的問題撐過保固期就好。

就算賣方不是為了「遮醜」才進行裝潢，每個人對空間的需求及喜好不盡相同，原屋主的裝潢風格與偏好未必適合自己，不喜歡到時候還要再花錢拆除運棄既裝潢設施，一來一往肯定不划算。

老公寓頂樓邊間易漏水西曬

屋頂及外牆的防水層，會受日曬雨淋而劣化，加上台灣有感無感地震頻繁，建築受拉扯導致防水層出現裂痕破洞，頂樓及邊間屋首當其衝成為漏水的重災區。加上頂樓因頂層混凝土吸收日照熱量，使室內氣溫上升，需要更多空調用電來降溫。

老公寓普遍存在陽台外推、頂樓加蓋等違建情況，只要被舉報就可能遭拆除，原本以為增加了使用面積，最後得要復原，這也是購買前必須思考的情形。除了本戶的違建之外，更要觀察上下左右鄰居的違建情況，如果已經阻礙到火災救災逃生路徑，將涉及居住安全，也是必須考慮的一環。

▌中古屋要避免

結構	1 樑柱是否出現超過 10 元硬幣的裂縫 2 結構強是否出現 X 型裂縫 3 鋼筋是否有大面積裸露情形，是潮濕漏水導致還是海砂屋
違建	1 強制復原的機率高嗎，復原後空間夠用嗎 2 鄰里違建是否會阻礙火災救災逃生 3 上下樓層是否有隔間出租的套房或雅房
漏水	1 面北牆壁是否有壁癌 2 浴室內牆是否有壁癌 3 窗戶的四個角落是否有壁癌或滲水情況 4 外牆磁磚縫是否有白色物質
開關箱	1 線徑是否夠粗 2 總安培數是否在 75 安培以上 3 是否安裝漏電斷路器
都更	若屋齡為 40 年以上，又不易都更，要思考長期居住是否安全舒適

TIP 買中古公寓的目是什麼？

自住 ——— 裝修調整生活機能的幅度較大，使用坪數相對大
投資 ——— 避免過老舊或屋況很差的物件，分租套房多違法不要涉險

中古華廈看屋重點：

花錢要買真管理和安全感

電梯華廈一般定義為 10 層樓以下，擁有合法電梯的住宅，公設數量較少。有些人購屋選擇「華廈」的理由是戶數單純，隱私性較高，公設較少房價也略為便宜。不過相對於超過百戶的社區大樓，戶數較少的華廈管委會資金不如社區大樓，對於住戶安全和社區維護不一定能做到位，號稱有管理但常會有徒有虛名的情況發生。

▌分析電梯華廈的競爭力

優點	1 有管理，適合需要便利性的人 2 有電梯，適合缺乏安全感
徒有虛名 的狀況	1 安全門（時常關閉式防火門）常開或是逃生梯被該層住戶佔用 2 警衛或保全是上下班制 3 一樓有中控室或門廳櫃檯但沒有公用廁所，代表無人員常駐規劃 4 戶數較少，三不五時就輪到當管委會主委

此外，也要仔細觀察一樓的情況，是否停滿機車，店家的類型，周邊生活機能。還有些管委會有奇怪的規定，像是不能養狗、仲介帶看要收費等，也都要是先打聽。

有電梯時高樓層競爭力好

選擇樓層時也有一些考量點需要注意，年輕人比較喜歡視野佳的樓層，因此若現在買進低樓層的物件，未來在市場上流通就會花比較多的時間，二樓的視野及光線真的不太好，同時也比較吵。雖然年長者會因為方便而選擇低樓層，但在有電梯的情況下，高樓層還是比較吃香。

此外，屋齡十多年的中古屋，和新屋的成交價格相差不了多少，因此不妨放開心胸多看新屋，新成屋的社區管理相較中古華廈會比較完善一點，其次是新屋的結構遵循新的建築法規也比較安全，再加上建商通常都會提供保固期，買方較能放心。

TIP 銀行評估房屋貸款參考數據

除了會參考房屋坐落地段及申請人的信用狀況與還款能力外，還會依循以下兩個原則：

1. 屋齡 ＋ 貸款年限 ≦ 65

2. 申請人年齡 ＋ 貸款年限 ≦ 75

結構還行嗎

檢查樑柱裂痕、氯離子濃度及陽台

台灣位處地震帶，夏季多颱風暴雨，難免對建築物外觀造成影響，但若只涉及表面只要定期維護就好，若是傷及結構，就要特別當心。

樑柱裂痕到什麼程度危及安全

發生在樑、柱、樓板、剪力牆等結構體上的裂痕稱為「結構性裂痕」。通常要敲掉的表面粉刷層才能得知到底是結構體也裂開，或是僅有表面粉刷層裂開。但理論上，如果縫隙寬度超過 0.3mm，這樣的寬度會讓空氣中的濕度很容易就滲入混凝土裡，導致鋼筋生鏽並進而撐破表面的混凝土，最後演變成鋼筋外露的問題，可能降低結構強度、縮短建築壽命，甚至在地震時會因為建物承受力不夠而有崩塌之虞。

發生在隔間牆等非結構體的細紋，多半是因為水泥表層乾縮的細紋，或是水泥澆灌時間不同所產生的冷縫，不至於影響到結構安全。

如果縫隙過大，甚至已經大到鋼筋裸露的程度，極可能是結構體已遭受破壞。若是在樑柱、牆面出現以下裂痕方向，應盡速找專家鑑定、修復。

柱體，出現斜向、垂直裂縫

樑柱出現裂縫且呈現 45 度斜向（剪力裂縫）或有兩條以上裂縫交叉（交叉裂縫）時，代表結構體的剪力遭受破壞，就要趕快請結構技師前來鑑定，否則很容易因為地震而影響安危。

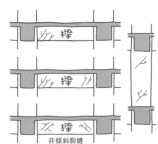

至於強烈地震過後，從門框或窗框轉角處往牆面延伸而出
的斜向裂痕，則是因為牆面遭受水平向度的外力拉扯所致。

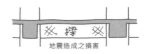

大樑，出現斜向或垂直裂痕

若在樑和柱的交接處出現斜向裂痕，則代表剪力受到破壞；
若是在樑和牆之間出現垂直裂縫，表示兩者的接縫已經不穩，可能會有崩塌的疑慮。

門窗，四角出現斜向裂痕

同樣的，通常門窗四角出現斜向的裂痕，很可能是因為地震
水平拉力，拉扯到門窗，導致出現 45 度角的裂痕。

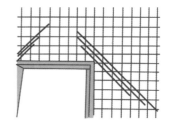

剪力牆，出現斜向交叉裂痕

由於剪力牆內部是以鋼筋交錯作為抵抗地震的水平拉力，若是在剪力牆上出現斜向交叉
的裂痕，則代表因為地震因素，使得剪力牆受損。

柱體水泥剝落，需判斷是否為海砂屋

海砂屋是指建築房屋時混凝土所用的砂，用的是來自海邊的海砂而非河砂。海砂若沒有
經過去氯離子處理，短期牆面滲出白色的痕漬，長期則會加速腐蝕鋼筋，鋼筋因鏽蝕膨
脹造成混凝土塊剝落，嚴重將損害房屋的結構體，會出現帶狀混凝土保護層凸起、剝落，
樑、柱縱向裂縫，版、樑、柱鋼筋裸露等情形。

尤其在以往，海砂屋的建造層出不窮，因此要注意老屋本身的結構是否為海砂屋。而政
府有進行列管名單，可上台北市建築管理工程處網站（http://www.dba.tcg.gov.tw）的海砂
屋專區查詢。

TIP 尋找具公信力的氯離子檢測單位

若想檢測老屋是否為海砂屋時，可尋找各縣市建築師公會、土木技師公會、結構技師公會等相關單
位，要注意現行規定氯離子含量不得高於 0.3kg/m2。

各單位定價不一，須視鑑別內容、難易度、工作量、觀測期限、精準度、以及要求到那一個程序等
等都會影響價格。一般檢測費用約 NT.4,000 ~ 5,000 元，建議事前先詢問費用和鑑定內容，多作
比較後再簽約。

陽台及露臺結構

露台是沒有頂蓋的正常樓板。至於陽台,底下通常會有從結構樑柱橫向延伸的小樑來支撐,有些建商甚至會在陽台的左右側加入牆體來加強承重力。如果陽台有收樑,通常每米平方可載重 200 公斤。但如果陽台很小(比如深度僅有 1 公尺),也可能地板下方沒有收樑,而是以較薄的地板來減輕負重。

放置重物,先計算承重力

一般來說,陽台與露台的承重力在結構設計時不如室內樓地板會考慮較大的荷重。它們雖不屬於結構主體,但其重量仍需建物結構來支撐。因此,陽台周遭通常會有橫樑或承重柱。如果想在陽台放置水塔、水箱、大型水族箱,或是改成廁所而用到水泥來墊高地板,多出的負重可能高達上百公斤,這時就得注意相鄰樑柱的承重範圍。至於要在露台上放像水塔之類的超重物時,也是要請專家來判斷這棟建物的結構是否可承受。

不可隨意打掉陽台牆面

陽台的配筋量通常不像室內樓板那樣多,通常為後者的一半,因此承重強度遠不如後者。因此陽台左右兩邊有時會配置短牆,加強承重上方樓層的力量。

但有些人在施作陽台外推時,會將這兩道短牆打掉、砌牆、裝設鋁窗。一旦打掉之後,就降低了對頂上的陽台支撐力,也增加了陽台的負重,還會導致整體建築結構失衡,樓上的陽台恐有變形、崩塌之虞,造成生命安全的威脅。

檢視房屋傾斜率，超過 1/40 需重建

房屋經過外力拉扯，可能會產生些微的傾斜，若程度輕微是不影響居住的，一旦房屋傾斜達到某種程度，就是列為危樓，需要打掉重建，因此若想確定自家是否是危樓時，可先計算出房屋傾斜率，房屋傾斜率的公式如下：

以柱子直立 90 度為基準

Δ ＝建築物傾斜水平位移量

H ＝建築物現況高度

X ＝傾斜率＝ Δ/H

假使傾斜高度為 5 公分，建築物高度為 1500 公分，
傾斜率：5 ÷ 1500 ＝ 1/300

地震波

一般房屋傾斜率小於 1/200，沒有結構上的問題，但介於 1/40 ～ 1/200 之間就依受損程度，進行不同工程的修復及補強。如果房子超過 1/40 的傾斜率，要拆掉重建比較安全。

若擔心建築傾斜會造成生命威脅，可向建築師公會或結構工會等申請建物安全鑑定，確認整體建築的結構是否適合居住。另外，若是想在老屋上方新增建物，也必須請專業技師進行結構鑑定。一般的鑑定費用多在 NT.3 萬元左右。

TIP **結構安全重點提示**

1 牆面、天花板、樓板裂縫超過 10 元硬幣的寬度，須請結構技師鑑定；樓板裂縫深度過深建議做填補，避免爆筋。

2 可請賣方出具「氯離子檢測證明」，亦可於簽約時註明簽約後將請氯離子含量檢測廠商進行檢測，如含量超過特定標準，則買賣合約自動失效。

最怕漏水屋

找出源頭
能治的再買

漏水是中古屋最常見的問題之一，造成漏水的問題不外乎結構受損、防水層失效、水管管線破裂等。一旦沒有處理好，可是會一直復發，反而傷財勞力。因此，要先找出漏水原因，才能有效治本，延長老屋壽命。

常見的漏水點，有面北的外牆、浴室內牆、窗戶的四個角，當窗戶邊緣有壁癌或是看起來特別新，都可能有問題。若建築外牆磁磚縫出現白白的東西，或是有青苔甚至植物附著，可能有屋外漏水情形。

至於樓上住戶導致的漏水，有沒有解要看看鄰居態度，可以找里長、協調委員會、住保協會，進行調解，多半只需支付基本費用，若是要派技師到現場鑑定，費用較高，就是一筆大錢了。

CHECK！建築接鄰或共壁處

兩棟房屋牆壁緊連，兩棟高低不同

原因 1：可能是較高建築的磚砌牆的透水而產生漏水
現象，其實即使是混凝土牆亦可能因裂痕或蜂窩，而
造成漏水現象。

原因 2：防水層因房屋位移破裂造成之漏水，特別是
因為兩棟為獨立房屋，可能因地震，或不均勻的沉陷
而造成位移，防水層易因受力被破壞，造成漏水。

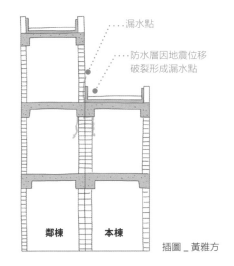

插圖 _ 黃雅方

解決方式為砌磚牆面做防水層，並於兩棟牆壁接鄰處上作保護蓋板，做金屬壓條及填縫
收邊，阻斷水入侵。防水層預留伸縮長度，以因應地震等的位移。

兩棟房屋牆壁緊連，兩棟高低不同

常因相鄰之房屋距離太近，致使外側無法施作防水
層，故雨水會從二棟鄰房之間流下，日積月累導致漏
水。解決方式為封住兩棟房子上方的空間，阻擋雨水
不再入侵。

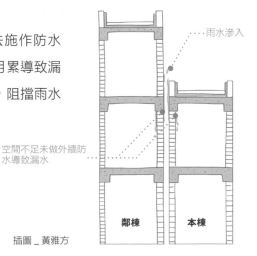

插圖 _ 黃雅方

CHECK ！屋頂、外牆

屋頂附加物導致積水

屋頂常見的漏水點有水塔下、屋頂水箱、管道間、排水孔、女兒牆、園藝造景、魚池等。

外牆防水受外力破壞

外牆常有冷氣開孔、牆面裂縫、遮雨棚、廣告看板固定物等因素，大棟破壞原有防水層。

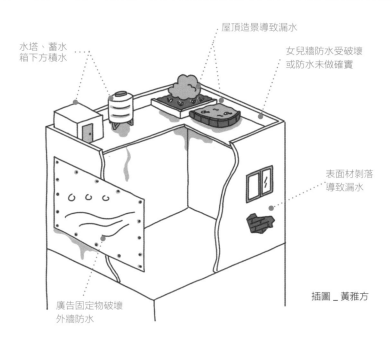

水塔、蓄水箱下方積水

屋頂造景導致漏水

女兒牆防水受破壞或防水未做確實

表面材剝落導致漏水

廣告固定物破壞外牆防水

插圖 _ 黃雅方

CHECK ！對外窗

窗戶外側未做洩水坡

結構體及表面層飾面磁磚若未做洩水坡度，會導致雨水淤積，若是矽利康老化或塞水路沒填滿，水大量入侵時會直接透過裂隙灌入室內。

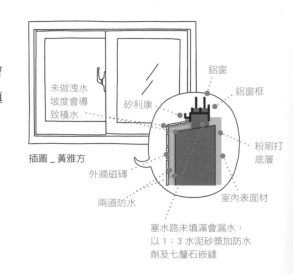

未做洩水坡度會導致積水

矽利康

鋁窗

鋁窗框

粉刷打底層

室內表面材

插圖 _ 黃雅方

外牆磁磚

兩道防水

塞水路未填滿會漏水，以 1：3 水泥砂漿加防水劑及七釐石嵌縫

CHECK！陽台

地面漏水

陽台若有雜物堆積或設置水槽、洗衣機等，若排水孔與地面的洩水坡度沒有做好，外來的水難以排除，若出現裂隙水就有可能會入侵，時間一長破壞了防水層，就有可能會滲漏至樓下。

插圖 _ 黃雅方

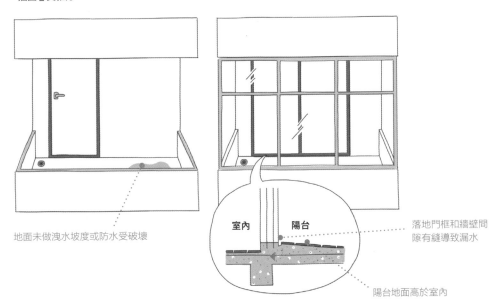

地面未做洩水坡度或防水受破壞

室內　　陽台

落地門框和牆壁間隙有縫導致漏水

陽台地面高於室內

陽台落地門

原因 1：陽台的地面要低於室內，若高於室內排水孔排水不及或堵塞時，陽台的水就會淹入室內。

原因 2：落地門鋁框若與地面牆面結合處未確實塞水路，水就會從縫隙處滲入。

衛浴空間

浴廁的地面及牆面

浴廁防水層的施作範圍包含浴廁的地坪及牆面，施作的面積除了地坪需全面施作防水層外，牆面的部份則可視用水情況施作，一般有淋浴設備的衛浴空間建議需從地面往上施作 180 公分至 200 公分以上的防水層，若浴廁是以磚牆隔間時，防水層施作必須從底部至天花板做滿為止。

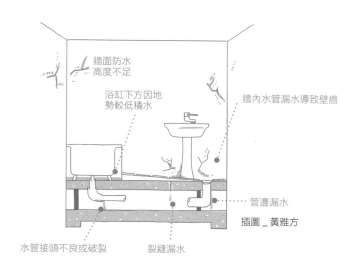

牆面防水高度不足

浴缸下方因地勢較低積水

牆內水管漏水導致壁癌

管邊漏水

插圖 _ 黃雅方

水管接頭不良或破裂　　　裂縫漏水

天花板及隔間牆

天花板壁癌

原因 1：頂樓的房子，因屋頂漏水導致天花板壁癌。

原因 2：非頂樓屋，但因樓上他處空間漏水，結構因水泥毛細作用充滿水分，導致潮濕產生壁癌。

隔間牆壁癌

濕氣重使水泥牆內充滿水分無法逸散，導致產生壁癌。

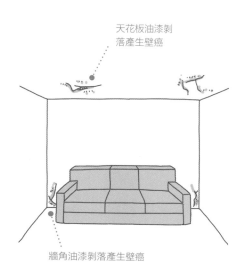

天花板油漆剝落產生壁癌

牆角油漆剝落產生壁癌

▌買屋前檢查

1 檢查是否有水漬	觀察屋內的牆角、窗框、對外牆面等容易漏水的地方,是否留有水漬。
2 壁紙是否有色差	若屋內有貼壁紙裝潢,要留意壁紙是否有局部色差或水痕產生。
3 裝潢屋要無漏水證明	屋內的天花板及牆面,大量使用水泥板、矽酸鈣板或夾板等木作封板包覆,會遮蔽掉壁癌、漏水、鋼筋外露等問題,這也是黑心投資客常用手法,建議這種房子要多多注意,最好請屋主出示無漏水證明。
4 磚縫是否發黑有斑	除了常接觸水源的磁磚面,屋內其他有貼磚的區域,要觀察磁磚縫隙是否有發黑、斑點,也可推斷是否有滲漏水情形。
5 浴廁檢查維修孔	浴室和廁所是經常發生漏水的區域,因此天花板和牆壁要仔細檢查是否有水漬和汙點。一般浴廁多附有維修孔,一定要打開查看天花板內有無滲漏,這樣判斷最準。
6 測試排水管是否順暢	將廚房流理臺、臉盆、廁所地板等的排水管先堵住,然後積滿水,最後再將水放掉,就可了解排水是否正常。
7 外牆是否潮濕長苔	屋外外牆若有水痕、表面材如磁磚剝落,磚縫有白色物質,甚至還長青苔跟植物,須回到屋內針對這些牆面的室內牆、交接縫隙詳加檢查。
8 下雨時看屋	雨天、甚至颱風天看屋,可觀察雨水是否會從窗戶、牆角等處滲入。
9 檢視女兒牆 架窗銜接處	窗戶和牆面為異材質銜接處,一旦有外力拉扯、間隙材料老化等等,交接處容易產生縫隙,須檢視有無裂痕及壁癌情形。

破除 NG 漏水觀念

**NG 樓上外牆磁磚隆起剝落漏水，
不會影響到樓下**

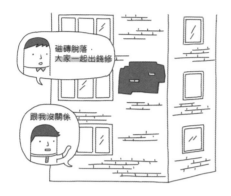

○ 雨水會沿外牆磁磚脫落處滲入樓下

當大樓外牆因地震產生結構裂縫，或有磁磚隆起、剝落等現象，使牆壁失去保護層就會開始吸水，使雨水沿著磁磚縫細往下流，慢慢滲入牆面有可能造成樓下室內滲水。因此一旦發生外牆磁磚脫落，防水層失效，必須盡快修補貼上。

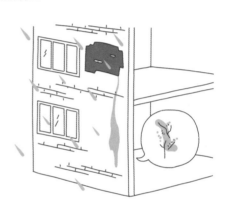

NG 屋內油漆色差，只是因為刷漆不均勻

○ 牆壁油漆色差可能是漏水或壁癌屋特徵

當發現牆壁與天花板有淡黃色、棕色水痕，或牆角、屋角油漆有色差時，有可能是房東或前屋主為掩飾水痕重新油漆，如果局部油漆顏色不均，都可能是漏水屋或壁癌屋的特徵。因此，一旦產生水痕，就要注意後續是否有油漆剝落甚至是壁癌出現，並盡快處理。

NG 為省錢只做表面功夫的防水

○ 移除破漏元凶才能斬草又除根

如果只是因為陽臺外牆或陽臺面板、踢部板面等因為表面有裂縫，需先移拔除釘子或造成裂痕的異物（如招牌等）後，再以高壓灌注（如防水的發泡聚氨酯）的方式處理，堵住隙縫。

NG 防水多塗幾次就能讓效果加倍

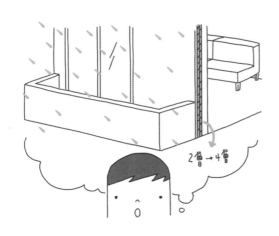

○ 防水須從結構層做並使之成膜

防水建議要從結構層做起，必須在 RC 結構牆面進行，之後水管破裂也會有第一層保護，很多人都會忽略掉而只在泥作後施作，但其實光是表層的防水施工是不夠的！此外，防水材料的塗覆要擦上後「等乾」，接著再進行二次塗抹，讓防水層能夠成膜，有一層又一層的結構，才能使防水有成效。

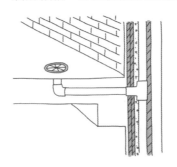

NG 門窗漏水一定是安裝時步驟不確實

插圖 _ 黃雅方

O 門窗漏水要逐步檢查才能找到起因

窗戶漏水的原因可歸納為四種，一是外牆防水未做確實，或未塗防水劑，二是窗緣間隙的矽利康老化脫落或龜裂、三是窗緣水路未確實填滿，牆內形成空隙，久而久之遇雨就滲水，四是窗緣下方的牆面沒有做洩水坡度，這些都可能導致門窗漏水。

插圖 _ 黃雅方

NG 窗框漏水一定是防水師傅沒有確實施作

插圖 _ 黃雅方

O 窗框漏水建議應將窗框打開檢查

窗框區域的漏水，有可能是窗框的填縫施作不確實，建議不妨將窗框角落重新打開，由公正的第三者，如設計師、建築師來做公認，若屋案是屋主自行發包，也應請求專業的團隊或設計師公會來進行鑑定處理。

插圖 _ 黃雅方

NG 浴廁旁的牆面壁癌，只要定期刮除

插圖 _ 黃雅方

O 浴室旁牆壁壁癌，往往與管線漏水有關，需詳查。

發生在浴廁外牆的壁癌，與浴廁水管破裂、漏水有絕大關係，就算面積較小，也得確實查究原因，並將結構打到底，重新作防水工程，僅以防水塗料塗佈表面，不僅無法斷水防水，也會使壁癌面積愈來愈大。

插圖 _ 黃雅方

NG 浴室防水高度做 150 ～ 180 公分就夠

插圖 _ 黃雅方

O 浴室防水最好全室天花、牆面、地面都做

洗澡、淋浴時，其水蒸氣揮發是往上延伸，若浴室防水高度僅依據人體高度，或常見只做 150 ～ 180 公是不夠的，最好衛浴全室都要做防水層。如果浴內沒有樑的話，那高度至少要做到天花板，若有樑至少要做到樑底下。

插圖 _ 黃雅方

哪類房子是
票房毒藥：

結構堪慮、樓上漏水，不要輕易嘗試

2017 年 11 月新北市中和區違建公寓大火造成九死事故後，台北市開始嚴查頂樓加蓋違建，啟動所謂「二〇八頂樓專案」，名單內違建現期拆除的大動作，顯示政府對違建造成公共安全問題的重視，即使是民國 84 年以前既存違建緩拆，但仍須顧及居住安全，連帶以往熱門一時的頂加物件都變成票房毒藥。

近幾年發生強震造成住宅倒塌的大型公安意外頻傳，建築結構安全，住宅是否位於斷層帶或土壤液化區，都變成購屋的關鍵議題。基本上天下沒有白吃的午餐，看似得利必有一失，但這個「缺失」是不是你承擔的起的風險，就看個人評估而定了。

建議最好少碰的房子

樑柱有錯動的裂痕或經結構補強的房子

不同時期的建築法規不同，因此用現在的法規來檢視 30 ～ 50 年前興建的房子並不公平，這並不代表以前的房子一定有問題，近年蓋的房子絕對可放一百個心，還是要視當時的施工及用材，經過專家檢核才算數。若是結構已出現損傷進行結構補強的房子，尤其是921 地震後做過結構補強的住宅，買它就是一種賭注，風險請自行評估。

樓上住戶原因導致的漏水

漏水並不至於到無解，難的地方在責任歸屬及誰出錢修，如果樓上鄰居不願處理，連讓你進去看原因都不肯，只能從自己這戶試圖防堵，效果有限或維持不久，得要反覆處理，住在其中不堪其擾，除了會影響心情，也可能因黴菌造成過敏或呼吸道等健康問題。

頂樓加蓋、陽台外推

二次施工的銜接處，異材質接合處，常因地震產生橫向裂縫導致漏水。

既有陽台外推要注意：

１ 陽台是否有掉落危險

２ 有沒有敲除到承重牆。簡易辨識方式，是看原本陽台和室內接鄰的牆面有無開口，若原本就有開窗、窗型冷氣口或落地門，通常並非承重牆。

犯了自己最在意的風水禁忌

若對風水非常在意，馬桶在中宮的房子就不要考慮。買房建議用刪去法，有一個絕對不能接受的點必定優先刪去，今天的勉強換來明日的後悔，你在意的問題也能也是別人的痛點，日後反悔想轉手又不容易，千萬要三思而後行。

哪種格局買前要三思

常聽人說買房子要「格局方正」，不代表正方型的屋型是好的，相較之下長方型的屋型比較好規劃，同時空間容易劃出長邊來營造氣室或擺放傢具。屋型多畸零空間，其實對專業設計師來說也不會無解，有時反而是激發設計創意。換個角度來說，適度留白反而是一件浪漫的事。

玄關感覺不舒服的房子

大門方位是不能改變的，若是一間房子的玄關給人感覺被窺視、沒有安全感，或是沒有足夠空間條件改變玄關，常久下來住得不舒服，建議買前要三思。

窗戶

關係到採光和通風，好的採光條件設計上容易發揮空間感。通風不佳現在有設備克服，如全熱交換器，採光則是取決周邊環境及建築設計本身，若真的很介意陰暗，則須詳加考慮。

挑高宅可以買嗎？

是「票房毒藥」，尤其是挑高 3 米 6 的房型，通常建商會暗示你可做夾層，不過實際上高度不足，若又遇樑，上層要「匍匐前進」，長期生活使用並不舒適。建商的樣品屋如果做夾層設計通常不會做樑，上層若安排為臥榻，床墊多半放置薄墊，在美輪美奐的床組修飾下根本看不出來，反而營造出看似還能接受的高度；待屋主實際放上彈簧床墊，高度立刻少了 15 公分，空間壓迫感就產生了。

【練習 3】

看屋流程 SOP 演練

每個步驟都要蒐集 ■
到有用的情報　　 ■

STEP1
看前調查地質狀況

先上網搜尋該物件是否位在順向坡、斷層帶、土壤液化帶等地質危險區。

STEP2
勘查附近鄰里狀態

售屋廣告會寫近捷運走路 5 分鐘、面公園、生活機能完善等，實地走一趟就知道是話術或是事實。

STEP3
和鄰居及管理員聊天

在房仲到之前，先和附近開店的鄰居或大樓管理員攀談，表明自己想買這裡的房子，從聊天中了解是否有發生過什麼事情，住戶多還是租客多等。

STEP4
觀察公共區域的狀態

1 在門廳留意出入的人與管理員的互動情況，是彼此寒暄還是形同陌路。
2 電梯內的公告內容，是否有抱怨或爭執。
3 走廊是否整潔，燈是否明亮無損壞。
4 逃生梯是否有堆放雜物。
5 樑柱是否有明顯可見的裂痕等。

STEP5
勘查附近鄰里狀態

記錄從大門進去的第一印象：
1 帶著指南針，記錄大門方位。
2 採光如何，空間感如何，是否感到侷促壓迫，有沒有什麼奇怪的地方。
3 一進入室內是否有聞到什麼氣味，尤其要注意潮濕霉味或臭氣。

STEP6
檢視開關箱內部

1 總配電量是否足夠。
2 回路是否分開，共有幾個。
3 是否裝設漏電斷路器。
4 拍照留底。

STEP7
每個空間 4 個面向
順時針拍照紀錄

每次看屋的時間不一定很充裕，把握在現場的時間做好記錄，方便回去和家人討論，拍照時一個空間 4 個面都要拍到，並帶到天花板及地板，如果有同伴一起去看屋，也可一人拍照、一人錄影，不過若是屋主還住在裡面，需要取得屋主同意。

STEP8
記錄窗戶的方位

這和通風與採光有關,可推估一天的日照時間及風流狀態,開窗位置是否能促進室內空氣對流。

STEP9
窗邊、浴室內牆、
天花板、牆面
是否有壁癌水痕

漏水屋人人避之唯恐不及,有些成因單純好解決,有些則涉及裝修的經費預算,有些則是歷史共業要全部住戶一起處理才有解,可參考漏水篇的內容,逐一檢視。

STEP10
木製地板或傢具旁是
否有小孔粉屑

白蟻也是讓人不勝其擾的不速之客,看屋時也要注意是木製傢具、木作裝潢、木質踢腳板旁是否有粉屑。

STEP11
衛浴的設備情形及
維修孔內部

1 水龍頭、蓮蓬頭打開觀察水的顏色及水壓。
2 衛浴設備是否需要換新。
3 是乾濕分離嗎。
4 有沒有磁磚剝落及壁癌情形。
5 維修孔打開有沒有濕氣異味,管線有無滲漏,抽風機的排風管有無接到管道間,若為磚牆隔間水泥是否封到頂不露紅磚。

STEP12 廚房的設備情形	1 廚具是否還堪用。 2 流理台地排是否排水順暢。 3 是用天然氣還是桶裝瓦斯。 4 水龍頭的水壓及水色是否異常。 5 排油煙管的接法。
STEP13 陽台是否架窗， 有無漏水情形	1 若女兒牆架窗，要注意銜接處是否有裂縫或漏水跡象。 2 是否有充足的洗衣曬衣家事空間。
STEP14 停留在房子裡的 期間的聲響	1 人聲、機器聲、水擊聲、外面的車聲。 2 鄰居的聲響，尤其是樓上走路是否發出很大音量。
STEP15 離開前觀察建物外觀	尤其是同層樓及上下層樓的外牆，有沒有什麼異狀，如磁磚翹起剝落，有植物附著生長，或是陽台堆放垃圾雜物、外推嚴重等情況。

TIP 看屋要白天、晚上、雨天都看過

白天看採光，晚上看入住率及鄰居，雨天看排水及是否漏水。

房子一定要方正嗎 ：

適切的空間規劃
才能讓生活舒適

民眾普遍喜歡「方正」的房子，不過，實際上正方形空間不易規劃出好的動線及格局，空間缺乏長邊，擺傢具也是考驗。因此劃分區域時建議以長方形規劃，同時適度採用彈性隔間或開放式設計，維持通透的空間感，例如方形空間分成客廳與書房，書房架高地板並以玻璃拉門做彈性隔間，書房也能做預備房間使用。

風水對屋型的看法

在傳統風水上的好屋型，除了正方、直長方、橫長方的屋型之外，前窄後寬的「魚簍型」房屋，也是不錯格局，代表財氣旺、事順遂。至於菱型的房子因為會產生尖角，易形成煞氣，會失去和諧統一的磁場，干擾家運。

常見因建築造型，形成內部的畸零角落或假樑空間，只要形狀不是太過歪斜及形狀複雜無規則，基本上透過完善的格局規劃，都能得解法。比較起來，樑柱多且粗，陰暗採光差等先天條件更難改造，住久了讓人更不舒服。

隱藏畸零邊角重塑合理格局

每個房子多少都會遇到有畸零角的格局，但同樣大小的樑柱在小空間中卻有放大效果與不適感。因此，應盡量將邊角隱藏，或想辦法融入格局中使之合理化，例如藉由收納櫃或假柱來包覆修飾畸零角；另外，也可利用樑柱來做區隔空間的定位點等設計手法，降低突兀感。

▌ 實例破解

屋況問題	少見的平行四邊形歪斜格局，加上四十年的老屋舊況，以及 21 坪卻隔出多達四房的過度格局等重重問題，讓整個室內陰暗且不舒適。
化解思考	為此設計師先就三口小家庭的需求刪減二房，同時利用大門轉向與開放格局等根本作法，讓公領域呈現寬敞而方正的格局，至於歪斜的畸零角則收藏到私領域，同時也將原本陰暗走道與凌亂感大幅改善。

對於坪效的思考：

創造空間最大坪效

不論是新屋或中古屋，都有可能出現格局不適用、動線不佳，收納不足的情況，換個角度想，房子可是一坪花了幾十萬購買的，如果最後空間閒置或淪為堆放雜物，以付貸款年限逐年攤提的概念來算，代價也太高了。

因此在規劃居家空間時，除了要使動線流暢，排除障礙物外，也要儘量找出空間與空間的最短距離，以省時省力，增加空間使用坪效。

從人思考坪效

把空間留給家人常使用的機能

裝潢居家時，經常會投入許多對生活的期待：要五星飯店感的臥房、要美劇中的開放式大餐廚、要讓客人留宿的客房……但卻忽略了自己和家人每天最常使用的空間是否便利舒適。家是每天生活、放鬆安居的場域，沒必要花錢為別人著想，在規劃小住宅格局時，更要將坪數分配給重點使用區域，以免做了很多裝潢仍感到空間侷促、機能不全。

家中成員平日的休閒活動，也會影響到空間配置。例如喜歡聽音樂、看家庭劇院，或者經常把住家作為親友聚會開 party 的場地，這些不同的需求，往往也會影響到空間的規劃。

烹調習慣及在家用餐的頻率

烹調習慣及在家用餐的頻率、位置，會影響到廚房與餐廳的規劃，如果是幾乎餐餐在家煮、全家人一起吃飯，廚房及餐桌就必須留足夠的空間，如果是在家吃飯但多買外賣鮮少下廚，就要思考習慣吃飯的地點，如果大家都在客廳沙發茶几吃飯，很快的餐桌就會淪為雜物堆棧。

從動線、機能思考坪效

依生活動線規劃收納

收納要依照生活動線規劃，而不是把所有的物品都堆放在儲藏室，才能讓居住者養成順手收納的習慣，讓空間井然有序。例如在玄關區規劃鞋櫃、衣帽櫃、餐廳區規劃餐櫃、書房則設計容量充足的書櫃等。

改變開門方式省空間

若房間或廊道的空間，因為迴轉半徑不夠，無法設計成一般的開門方式，可以利用軌道式拉門，或規劃成拉摺門，節省空間，甚至把多出來的空間移做其他機能運用，彷彿放大了空間。

同一空間不同時間賦予不同功能

複合空間的規劃運用是提升坪效最重要的一點，將客廳結合書房，或把餐廳結合工作區、閱讀區等做法，讓一個空間具有多樣化的用途。當空間的使用面向廣了，空間尺度也就跟著開放出來了。

TIP 是否沿用舊傢具

如果是舊屋換新，舊傢具要保留或換新，會影響到格局配置。
若要保留舊傢具，格局配置就必須遷就既有的傢具尺寸。

對於格局的思考

從需求輕重緩急規劃格局

平面配置的第一步，就是要先確定你想要的空間有哪些。空間可依特性分為三大類：一、公共空間：指一般可供客人活 或接觸的空間，如客廳、餐廳、玄關、和室、開放式書房等；二、私密空間：指具有個人隱私、不宜任意進出的空間，如主臥室、小孩房、客房、父母房、書房等；三、服務空間：指為特定用途而設的空間，如廚房、浴室、更衣室、儲藏室、衣帽間等。了解空間特性後，再依家人的需求及空間大小，進行平面格局的配置。

STEP1 確認家人對空間的需求

除非是一個人住，否則都應該把家人的需求都考量進去，除了考量個別需求外，配置空間時，有幾個點要注意：

一、家人若有長輩同住，長親房要離浴室近；

二、每個房間包含浴室最好都有窗戶，不要有暗房；

三、餐廳與廚房不要離太遠；

四、保留後陽台做為洗衣間及放置熱水器；

五、儘量不要有冗長走道才能省空間。

STEP2 空間需求取捨要點

針對所列出來的空間，依其重要性排出一定要做的先後順序，舉例來說，假設需求依序為：
客廳 → 餐廳 → 廚房 → 主臥 → 衛浴 →書房 → 儲藏室 → 玄關 → 小孩房 →主臥衛浴→
更衣間

就可以很清楚地了解，當坪數不足時
應該怎麼樣取捨。再將一定要有的空
間大小，用圓餅思考如何分配。

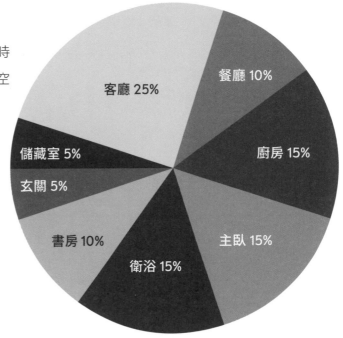

▌符合人體工學的空間尺度

1	走道寬度不得小於 80 公分，以 90 ～ 120 公分為最佳。
2	有櫥櫃的走道距離為櫥櫃單扇門片寬再加 40 ～ 60 公分。
3	衣櫃深約 60 公分。
4	床邊距離衣櫃至少 70 公分。
5	書桌深為 60 ～ 80 公分。
6	床邊距離書桌至少 70 公分。
7	淋浴間寬至少 80 公分。
8	廚房、浴室門片寬約 75 公分，房間門片寬為 90 公分。
9	浴缸寬度約 72 公分。
10	餐椅與牆距離至少 35 公分。

客餐廳的動線規劃

客廳及餐廳是家中成員最常使用的空間，因此，其他的房間都必須考量到要與這兩個空間作密切的連結。此外，餐廳也是最好的迴旋空間，通常在餐廳停留的時間多半只是吃飯，可當成到客廳、廚房、浴室或是到臥室的迴旋區域。

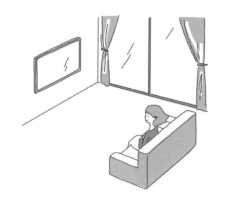

▍預留兩人相錯的空間

客廳和臥室不同，是多數人集中的地方，從入口到餐桌或是沙發的路線，是使用頻率最高的，因此要設計有寬敞的空間。一個人正面前進需要的空間為 55 ～ 60 公分，為了讓兩個人能錯身而過，需要有 110 到 120 公分的空間。

臥房的動線規劃

臥室分主臥、小孩房及客房，每種房間依功能及坪數的不同，規劃的重點不一樣，如何花少錢將現有空間進行改裝，需要更高的技巧。人的一天有 1 ／ 3 的時間在床上度過，而臥房又是家中完全屬於個人的空間，對重視睡眠及講究自我空間的人，臥房在整個空間規劃上便顯得重要。

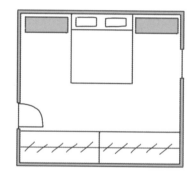

▍床是動線規劃首要考量

臥房裡，床佔了大比例的空間。想要有充裕的開放空間，請優先考慮床的寬度。床沿著牆擺放的話，請和牆保持 10 公分左右的距離，讓被子可以攤平，也不會讓手去撞到牆壁。床頭對著窗戶下的話，要注意冬天從窗戶進來的冷空氣，會讓頭和肩膀覺得冷。有空間的話，可以放個小桌子，上面可放夜燈和鬧鐘。

▍衣櫥和床之間的距離

開門式的衣櫥和床要留 90 公分以上的空間，拉門式的則為 50 ～ 60 公分。要添購衣櫥的話，建議買拉門式的。如有抽屜，要考慮「拉出的空間」和「人彎腰的空間」，至少和床要有 75 公分的距離。

廚房的動線規劃

由於時代演進，如今被視作「公共空間」的廚房，早已擺脫過去只是主婦一人單純料理的封閉空間，空間地位不可同日而語。由於廚房東西雜、多，而且小東西也最多，因此動線在廚房中就顯得格外重要了，唯有先將動線規劃好，才能充分運用廚房的功能，讓料理更有效率。在動線安排上，必須能將相關的區域─儲藏、洗滌及烹調連接起來，而且要不受其他物件的干擾，達到省時省力的目的。

▎ 廚房的黃金三角形動線

廚房主要的工作大致就在水槽、瓦斯爐、冰箱三個基點上，將這三點連接而成的三角形就稱為工作三角形，最理想的動線安排是將工作三角形規劃成正三角形，工作起來十分便利，而廚房的通道最好不要穿越這個工作三角形，以免影響廚房的工作流程及工作效率。

浴室的動線規劃

近年來隨著生活水準提高，浴室不再只是上廁所、洗澡之用，在 SPA 流行風潮帶動下，浴室成了紓解壓力的最佳空間。一間功能齊備的浴室，除了馬桶、洗手台外，還要有浴缸、淋浴間，以及收納的櫥櫃。不過即使是空間不大，只要規劃好動線，顧及空氣流通，能規劃出一間好浴室。

▎ 依坪數規劃設備

衛浴空間的重點物件不外乎是洗臉台、馬桶、浴缸，或是淋浴設備，有些坪數大、豪華型的浴室甚至可以加上三溫暖及 SPA 設備。但基本型的浴室則分為全套（含浴缸）及半套（不含浴缸）兩種，需考慮實際的坪數來選擇。例如不到 1.5 坪這種小坪數的浴室就不要勉強擺入浴缸，用淋浴設備取代即可，或是將洗臉台、梳妝鏡移到浴室外，做成乾濕分離。

管線的安排也很重要，因為安裝的位置必須與衛浴設備配合，否則也會發生物件安裝位置錯誤，使用起來不順暢的情形。

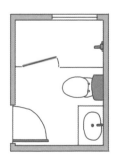
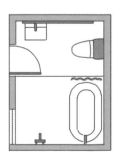

【練習 4】

學看平面圖

溝通空間需求與設 ■
計的必備工具 ■

「平面配置圖」是室內設計最基本也是最重要溝通圖面，不管是與設計師或工班都一定要有平面配置圖，才能清楚知道需求有沒有被滿足。

但是平面圖畢竟不是立體圖，且圖上密密麻麻的數字及記號，怎麼從圖去看出到設計師的規劃是否有滿足需求？以下圖例教你怎麼看懂平面規劃圖。

看懂平面規劃圖步驟

01 先找到入口位置

很多人拿到平面圖不知從那裡開始看起，建議先找到入口位置。從入口位置出發，找到接下來的空間，像是客廳→餐廳→廚房→主臥等等，循序比對每個區域在整體空間的位置。

02 了解空間之間的關係

每個區域空間的關係如：入口到客廳之間有個玄關，餐廳規劃為客廳的一部分，廚房緊鄰餐廳，後面就規劃洗衣間；再來回頭看看主臥和公共空間的位置，或者小孩房和主臥的關係，有助於建構區域關係的概念。

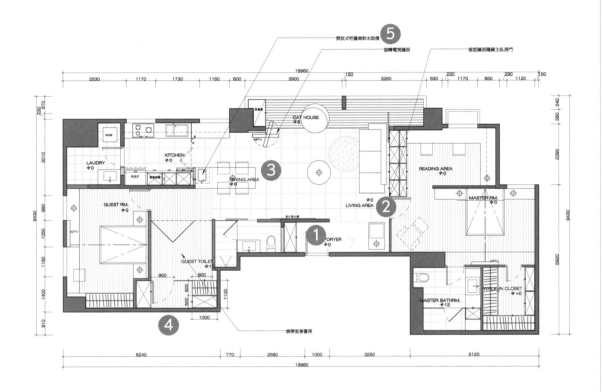

03 觀察空間區域比例大小

從平面圖可以觀察各空間區域的比例大小關係。先找出核心區域，像是喜歡全家在客廳聊天看電視的，客廳比例就要大一些；習慣在家用餐或者在餐桌看書的，餐廳區域就寬一點。

04 注意跨距尺寸

平面圖上會標明大跨距尺寸，可從總長寬去對應了解各空間的尺寸關係。

05 注意設計說明

設計師會在平面上拉說明線，作為解釋各項設計的功能。

▌平面圖圖例說明

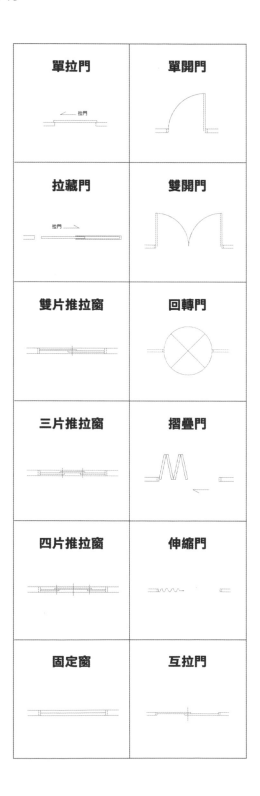

單拉門	單開門
拉藏門	雙開門
雙片推拉窗	回轉門
三片推拉窗	摺疊門
四片推拉窗	伸縮門
固定窗	互拉門

儲物櫃	衣櫃	輕隔間	雙開窗
門	樓梯	木作隔間	單開窗
洗衣機	浴缸	吊櫃	轉角窗
洗			
冰箱	馬桶	管道間	樑
REF			BH: cm BW: cm
水槽	瓦斯爐	冷氣	柱
		A / C	
入口	夾層高度	立燈	實體隔間
	CH: cm		

中古屋裝修改造案例：

CSAE 1
雙主臥規劃，創造彈性格局

▌ 屋主對家的期待

1 希望兩間臥房都有衛浴，讓夫妻倆保有各自的獨立使用空間。

2 將三房中的一房改為書房與更衣間。

3 平常夫妻二人住，但希望保留公共衛浴，同時兼顧臥房隱私。

4 希望改善封閉式廚房導致餐廳採光不佳的狀況。

▌ 設計師提供建議

1 以雙主臥的概念規劃夫妻倆各自的寢居空間。

2 將三房其中一房改為書房及更衣間。

3 將封閉廚房隔間改為大片玻璃拉門，為餐廳引光同時隔絕油煙、增進互動。

三間臥房其中一間希
望改為書房，規劃大
容量收納。

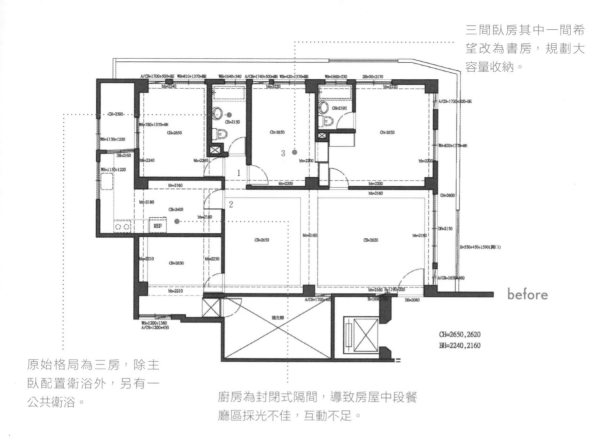

before

CH=2650,2620
BH=2240,2160

原始格局為三房，除主
臥配置衛浴外，另有一
公共衛浴。

廚房為封閉式隔間，導致房屋中段餐
廳區採光不佳，互動不足。

將廚房隔間改成大片
玻璃拉門，既可隔絕
油煙，又讓採光變好。

與公共區銜接的緩衝區增設拉門，拉
門開啟，衛浴、書房成為公共區，關
閉時則成為男主人獨享。

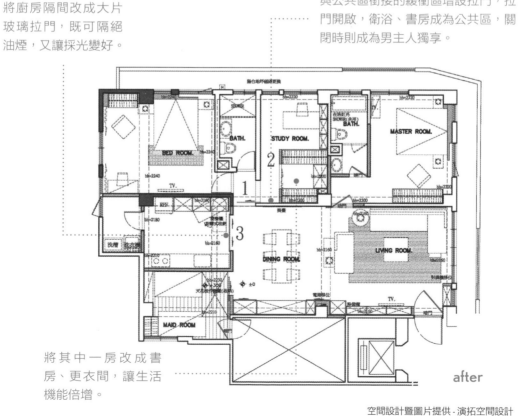

after

將其中一房改成書
房、更衣間，讓生活
機能倍增。

空間設計暨圖片提供 - 演拓空間設計

屋齡二十餘年的中古屋，亟需重新翻修，改變已不符實際需求的格局，
於是找到演拓空間室內設計的張德良、殷崇淵設計師協助改造。
夫妻倆主訴求是希望彼此為伴，又能擁有獨處空間。男主人想要一間
獨立書房，女主人期望改善餐廳採光不佳問題。張德良設計師以雙主
臥概念，讓夫妻倆擁有獨處空間，並將三房其中一房，改成書房。在
進入公共衛浴、男主人臥房與書房前方的緩衝地帶，增設拉門，當拉
門敞開，衛浴就成為公用的，關上臥房門，就不會影響男主人的隱私。
當拉門關起來，主臥、書房、衛浴連成一氣，又成為男主人獨享的空
間。為改善餐廳採光不足問題，張德良設計師將廚房封閉隔間改為大
片玻璃拉門，不僅隔絕油煙，同時增進家人互動。

將廚房封閉隔間改為大片玻璃
拉門，已可隔絕油煙，又能引
進光線，增進家人互動。

將一房改為書房及更衣間，使
得生活機能更符合實際需求。

空間設計暨圖片提供 - 演拓空間設計

舊屋翻新裝修改造案例

CSAE 2
格局改造，機能與美形兼顧

▍屋主對家的期待

1 小孩逐漸長大，需要獨立空間，希望改為四房格局。

2 希望改善客廳採光不足，減輕空間壓迫感。

3 餐廳區採光不良，希望透過專業設計改善。

4 希望規劃大容量收納，並且改善廊道冗長幽暗問題。

▍設計師提供建議

1 縮減過大的主臥空間，所有房間重新配置，規劃出 4 房格局。

2 客廳區拉門，改為鐵件玻璃隔屏，減輕壓迫感，又能引進光線。

3 餐廳腰窗改為落地玻璃隔間，廚房入口改玻璃拉門，達到引光效果。

4 弧形廊道規劃隱藏式收納，將房門敞開，即可引光。

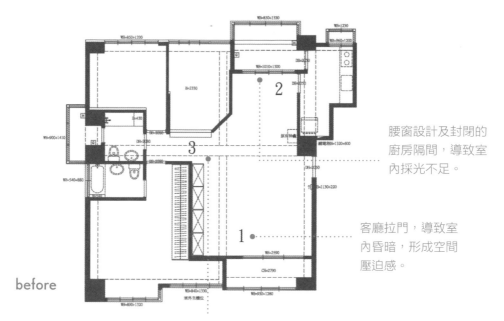

腰窗設計及封閉的
廚房隔間，導致室
內採光不足。

客廳拉門，導致室
內昏暗，形成空間
壓迫感。

before

冗長廊道，讓進入私領域的
通道光線不足。

餐廳腰窗與廚房隔間牆皆改為
玻璃拉門，讓室內變明亮。

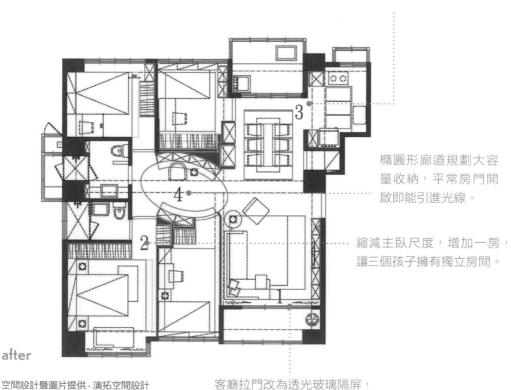

橢圓形廊道規劃大容
量收納，平常房門開
啟即能引進光線。

縮減主臥尺度，增加一房，
讓三個孩子擁有獨立房間。

after

空間設計暨圖片提供・演拓空間設計

客廳拉門改為透光玻璃隔屏，
引光入室，減輕壓迫感。

家中 3 個孩子逐漸長大，需要擁有自己獨立的房間，原本三房已經不敷使用，於是向演拓空間室內設計的張德良、殷崇淵設計師尋求專業協助。

設計師透過格局重整，將主臥縮減，讓每個孩子都有自己的臥房。採光問題，經由穿透的客廳玻璃隔屏、餐廳落地玻璃隔間，及廚房玻璃拉門充分引光，使室內變明亮。原本狹窄陰暗的廊道，將原始隔間拆除後，規劃成隱藏式的收納牆，使得大量藏書與生活用品各有所歸，滿足書房機能，再利用鏡面天花板，讓廊道空間向上延伸，使得老屋徹底變身。

客廳拉門改成玻璃隔屏，減輕空間壓迫感，同時引進充足的光線。

將廚房門片以及餐廳旁的腰窗改
為落地玻璃拉門，讓室內變明亮。

橢圓天花、弧形廊道，隱藏充足收
納，房門開啟，即可引光入室。

空間設計暨圖片提供 - 演拓空間設計

複層屋裝修改造案例：

CSAE 3
陰暗地下室因天窗重見光明

▌ 屋主對家的期待

1 希望於一樓增設玄關空間，改善公共區過大定位不清問題。

2 廚房為封閉式格局，畸零空間難運用，也缺乏備料的工作檯面。

3 希望改善封閉式廚房導致餐廳採光不佳的狀況。

4 地下室堆滿雜物又有漏水問題，希望能有效發揮坪效。

▌ 設計師提供建議

1 調整進入室內大門的方向，順勢劃出玄關空間。

2 將洗衣間移道旁邊，讓廚房空間完整，加大廚具增設吧檯，完備廚房機能。

3 將廚房隔間牆改為透光的拉門，增進餐廳採光並延伸空間感。

4 以天窗改善地下室採光通風，解決地下室後方窗戶漏水問題。

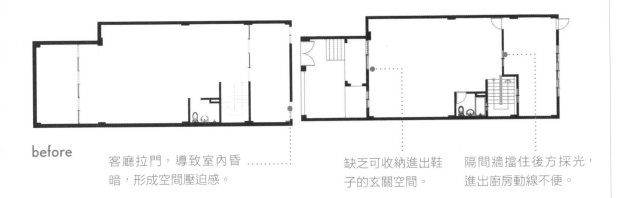

before

客廳拉門，導致室內昏暗，形成空間壓迫感。

缺乏可收納進出鞋子的玄關空間。

隔間牆擋住後方採光，進出廚房動線不便。

after
空間設計暨圖片提供 - 今硯設計

撤除玻璃門改為架高地板區，由上灑落的採光提升空間舒適感。

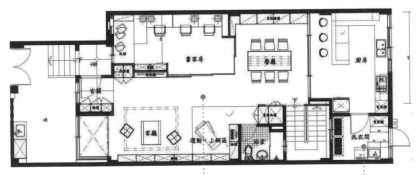

公共區規劃了客廳、客書房及餐廳，並增加收納機能。

廚房一側規劃為洗衣房，廚房裡不再有臺擋路的洗衣機。

地下室加一樓的舊公寓，狹長的空間僅有前後採光，珍貴的採光及通風又被隔間牆阻擋，因此即使白天室內也要開燈。公共空間沒有設置鞋櫃的地方，位居一樓後段的廚房內有洗衣機，廚具和收納都不敷使用；地下室也有因水溝下雨水滿出來侵蝕牆面強度造成的壁癌問題。

首先改善的是房屋體質，為增進地下室的舒適度，將前方的通風口改成天窗設計，讓光線從上而下灑落，也能與後方窗戶形成對流通風。一樓牆面也局部改為玻璃隔間，大門轉向後多了可設置鞋櫃的玄關，並以彈性隔間方式提供公共空間更多使用彈性。餐廳也因廚房改為透光拉門設計，不但採光變好，與廚房的動線也更直接便利。

原本缺乏玄關的公共空間，因為大門轉向順勢闢出增設鞋櫃的玄關空間。

原本侷促又阻擋採光的地下室通風口，改成天窗後頓時明亮又通風。

原本缺乏收納及工作檯面的廚房，將洗衣間移置一側後空間變完整，ㄇ字型廚具滿足收納及工作檯面需求。

空間設計暨圖片提供 - 今硯設計

舊公寓裝修改造案例:

CSAE 4
陰暗破舊屋變身明亮機能宅

▌屋主對家的期待

1 希望打開封閉的隔間,改善為暗房餐廳的採光。

2 主臥空間畸零難放床和傢具,希望增進收納及採光。

3 希望增加一套衛浴。

▌設計師提供建議

1 廚房換位置讓出的空間增加一套衛浴,且都升級為乾濕分離。

2 增設工作陽台做為洗衣空間。

3 順著中央的結構柱規劃為臥房區走道,書客房改為玻璃拉門,引入採光。

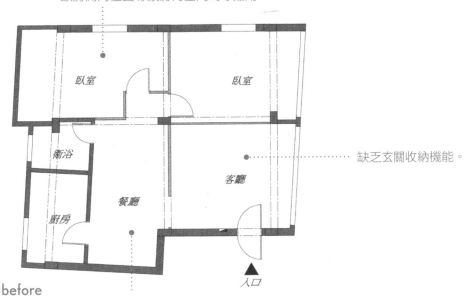

臥房開門位置導致房內空間畸零難用。

臥室

臥室

衛浴

缺乏玄關收納機能。

廚房

餐廳

客廳

before

入口

餐廳過大且無採光。

將原本的兩房改為三房，破除導致陰暗的隔間，根據結構柱位置規劃臥房內走道。

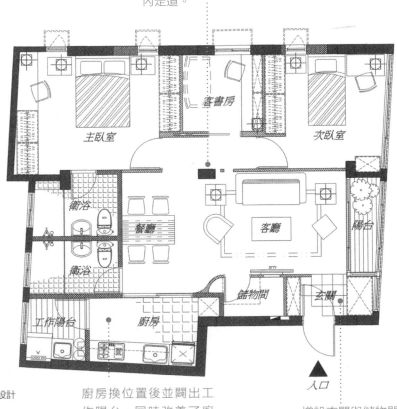

主臥室

客書房

次臥室

衛浴

陽台

餐廳

客廳

衛浴

儲物間

玄關

工作陽台

廚房

入口

after
空間設計暨圖片提供 - 今硯設計

廚房換位置後並闢出工作陽台，同時改善了廚房與餐廳之間的動線。

增設玄關與儲物間，增加收納機能。

老舊斑駁的木作隔間以及過時的封閉隔間設計，讓原本就不大的房子更顯得暮氣沉沉，不但缺乏採光，空間彼此被隔斷，諾大的餐廳卻是暗房，兩間臥房門口的畸零空間，也影響了主臥內的空間。屋主希望增設一房，並且增設一套衛浴，還有可供洗衣的空間。

設計師先將隔間全數拆除，順著中央的結構柱，將空間一分為二，臥房區設計內走道，並再結構柱旁設計假柱弱化視覺焦點，同時增進動線的趣味性。公共空間採取開放式設計，恢復陽台，且將餐廳縮小在合理使用內，並將廚房移位結合工作陽台設計，讓出來的空間足以容納兩間乾濕分離的衛浴，大大提升了居住舒適度。

廚房換位置並增設工作陽台，以玻璃拉門阻絕油煙逸散，
原本過大餐廳縮小，與客廳互相串連。

從客廳看向餐廳，拆掉原本有一拱門的木隔間，擴大公共空間尺度，也讓採光深入室內。

臥房區設計一條內走道，結構柱搭配假柱修飾轉化注意力，動線順暢，房間格局也變得完整好用。

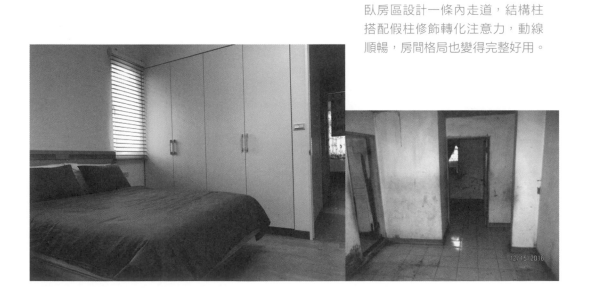

【練習 5】

建構對家樣貌的藍圖

從真實需求出發建構理想生活 ■ ■

不論是否打算找設計師協助規劃居家空間,身為使用者的你必需要花時間思考未來 10 年 20 年要住的家,應該要長成什麼樣子。跟著以下的步驟和同住的成員一起討論激盪吧。

STEP1 拿到心儀房子的平面圖

至少要有大門、窗戶、柱子、隔間牆、廚房、衛浴、陽台位置。

STEP2 思考格局需求

哪些空間需獨立,哪些空間可合併,需要幾間房和衛浴。

需獨立的空間: 機能可合併的空間: 房間:主臥/次臥/需要書房嗎?

STEP3 想要的生活風格

從每位居住成員的平日、假日一整天在家的行為活動，建構動線關係
及尋找出交集。

爸爸：週一到週五 7 點起床，在浴室 10 分鐘洗漱後回臥房換衣服……

媽媽：

小孩：

STEP4 蒐集嚮往的居家設計圖片

思考配色計畫，傢具及建材選配。

▎ 設計需求表

大型設備	鋼琴：種類 _____ 跑步機 _____ 其它 _____
玄關	鞋子數量／穿衣鏡／大衣／雨衣／雨傘／安全帽／鑰匙／擺設
客廳	收藏／掛畫／電視／沙發／音響／遊戲機／數位盒／無線電話／無線網路／客餐結合／地面材質
餐廳	餐櫃／置物需求／儲物需求／與書房機能合併／書櫃
廚房	下廚頻率／中式料理／冰箱／排油煙機／電器設備／地面材質／壁面材質／獨立式或開放式
主臥	床／化妝台／電視／更衣間／衣櫃／按摩椅／主浴／地面材質
次臥	使用者年齡／性別／床／書桌／收納／地面材質
長輩房	行動方便與否／是否有看護或傭人／床／收納／化妝檯或書桌／衛浴

書房	獨立、半開放、全開放／使用者／使用人數／使用習慣／行為／書量多寡
客房	多功能／單純客房／床
更衣室	衣服多寡及種類／儲物
浴室	乾濕分離／浴缸／按摩浴缸／暖風機／抽風扇／浴櫃／鏡櫃／免治馬桶／地面材質／壁面材質
陽台	洗衣機／洗衣水槽／烘衣機／電壓／熱水器
儲物間	儲放物品
其他空間	

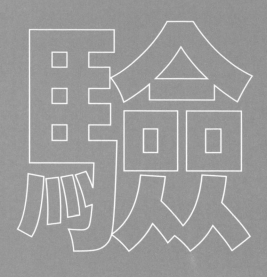
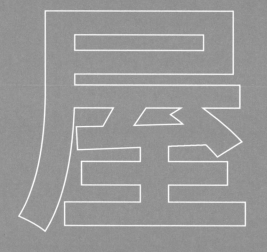
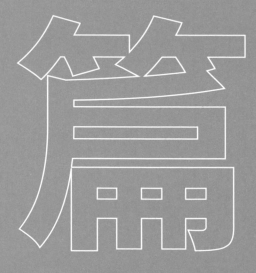

驗屋篇

逐項件檢查入住免煩惱

驗屋的意義

交 屋 前
最 後 一 道 檢 查 點

驗屋分為「土建」與「機電」兩個部分。土建就是門窗、衛浴設備、廚具設施、曬衣設施及天花板、地磚、油漆等非電氣類的房屋室內設施。至於機電部分，則為是電燈、開關、插座、煙霧警報器、電鈴、電話線路、有線電視訊號等。

大型建商都會安排機電及土建人員帶著工具陪同檢驗。屋主也可自行準備相關檢驗用工具，例如檢查地面、牆壁、磁磚用的塑膠槌、檢查水平用的水平儀等。也可帶著手電筒、乒乓球（檢查地面與桌面水平）、相機等器材。檢驗當下寧可挑剔龜毛，也不要因為一時放鬆或疏忽，演變成日後棘手麻煩的問題。

驗屋 6 大要項

1 防水、排水相關的地點、設備，如門窗邊縫、洗手台、排水孔、流理台、馬桶、陽台等。

2 門窗測試能否緊閉且開闔順暢，門扇、門框，是否平整無破損。

3 機電測試，電的迴路及供電量是否穩定正常。

4 天、地、壁的施工品質，目測、光照、敲打檢視。

5 校對買賣合約中載明的建材、設備是否正確無誤。

6 校對買賣契約平面圖，確認尺寸及裝置皆按圖施工。

按照空間動線進行確保無遺漏

至現場驗屋時，建議以「空間動線」分區逐一檢測，有問題的地方貼上膠帶，並記錄在紙本，避免有所遺漏。遇到問題進行標示時，要反覆確認陪驗人員是否有註記起來。

一般而言，驗屋只能檢查看得到的地方，例如門窗是否開閉順利，有沒有歪斜。牆面與地面部分是否平整，地磚裁切是否整齊、磚與磚之間的接縫是否平直無破損等。

地磚與門框的接合處要特別注意，這個部分地磚為了遷就門框形狀，大多會進行裁切，因此要仔細檢查門框與地磚的接縫處是否有確實填實、地磚是否產生色差。有的話就先標示後拍照，並要求換掉，這是合理要求不必客氣。

至少兩人同行分工合作

常聽人說買房子要「格局方正」，不代表正方型的屋型是好的，相較之下長方型的屋型比較好規劃，同時空間容易劃出長邊來營造氣室或擺放傢具。屋型多畸零空間，其實對專業設計師來說也不會無解，有時反而是激發設計創意。換個角度來說，適度留白反而是一件浪漫的事。

即使是附贈也要檢查

大部分新屋建商都會贈送抽油煙機、瓦斯爐等基本廚具。雖然是送的，其實也等於自己花錢買，因此所有櫃子都要打開關閉看看是否順暢沒有歪斜，抽油煙機是否運作順暢，瓦斯爐點火是否有正常，所有燈光照明是否正常。

新屋驗屋要點：

交屋前的修繕
由建商負責

在建設公司通知交屋日前的地價稅、房屋稅、銀行核貸利息，都是由建商支付，驗屋沒有次數限制且不用支付費用，只要發現房屋任何瑕疵，都能要求建設公司修繕。

如果你在通知交屋日才驗收，有時候驗收又不一定能在短時間內完成，修繕也要時間，如此完成交屋可能就過了通知交屋時間。若未釐清費用，從驗收到真正完成交屋的稅費利息，就有可能轉嫁到自己身上。

新屋交屋驗收流程

驗屋已是買房的最後一個環節，因此要確保房屋和契約內容一致，且居住環境舒適。其中最重要的檢測項目就是防漏水、確認天地牆施工品質、機電測試和門窗測試，最後確認有附上承諾的家電設備。

建商通知驗收 ＞ 屋主至現場驗收 ＞ 註記缺失處 ＞

缺失改善完成 ＞ 通知交屋 ＞ 完成交屋

點交驗屋是確認建商交給你的房子是否符合契約內容的最後一道關卡，若在這一關沒守住，草率簽了遷入證明，之後就算發現問題都是麻煩，不如在驗屋時就謹慎仔細，將所有瑕疵一次解決。

公共設施

驗屋文件交付後，建商的客服會帶你到大廳說明門禁使用規則，並告知瓦斯遮斷閥和電錶的位置，也會帶到屋頂、停車場等地，告知使用方法及相關設備注意事項，可留意管理員室和水塔是否分民生用及消防用。

住宅內部

一般驗屋約有 2 ~ 4 個小時，建議驗屋時請工班主任陪同，發現需要修繕的部分即可馬上反映。進到屋內先將室內水槽的止水塞塞住，包含廚房流理台、浴室洗手台、浴缸等等，接著注滿水測試溢水口，並滴入紅藥水。滴完紅藥水後，在目前的水位高度貼上彩色膠帶，標記目前的水位位置，就能先去測量室內面積

確認面積：以「當層建物平面圖」為基準，比對現場格局和坪數。簡易丈量室內面積方法，可先量地磚，再用地磚的數大略估算和記載的坪數是否相當。

天地壁：主要檢查方向就是看平整度、汙漬和龜裂 3 大項通常在牆面和窗、門、插座等物品的接縫處最容易發現問題。磁磚要四角和中心用塑膠槌或硬幣敲敲看有無空心聲。

機電：確認插座和開關數量沒有問題，位置對不對了再檢查總開關，是否裝有漏電斷路器，再將所有迴路切換到「ON」。接著，拿小夜燈測試每個插座是否都有通電。進入每個房間，也要試按開關，確認開關對應到正確的燈具上。

測漏水：測試所有房間的冷氣排水孔是否阻塞。趁浴室做給水測試之前，先檢查所有器具和管路是否有滲漏水現象，新屋的滲漏水通常不會很明顯，因此要用手和紅藥水做檢測。流理台的水管隱藏在下方的櫥櫃中，排水管和地排周圍要封住，記得打開來檢查漏水。

給排水：將所有水龍頭放水 5 分鐘 ~ 10 分鐘，確認供水正常。給水測試完畢後，記得用蓮蓬頭把衛浴的地板全部沖濕，觀察浴廁地板排水是否通暢、洩水坡度有沒有問題。

門窗：檢視外觀及功能。門片鉸鍊的那一邊木皮或面材有沒有封邊。

廚房、衛浴設備:根據契約中的家電設備清單,核對設備的品牌、型號、數量是否相符。電器設備要實際操作,看看有沒有問題。掌握不能有刮傷、不能有鏽蝕,銜接處要密合且整齊 3 原則。

二驗注意事項

因建商進行瑕疵修補時,會撕掉原本標示缺失處所黏貼的紙膠帶,因此要帶著上次驗屋拍下紙膠帶標示缺失處的照片以及手寫紀錄的紙張,兩相輔助有利二驗時確認。有時會有尚未裝設完成的設備,如廚房三機等,要在驗收表上清楚註明。

驗屋時發現有瑕疵,記得將所有缺失拍照,用有色膠帶標示清楚,並在缺失表上詳細記錄,要求建商限期改善。瑕疵修復前要暫緩交屋,並避免簽署建商提供的「遷入證明」,一旦簽下去就代表點交完成,銀行會撥款到建商戶頭中,到時候建商可能會不認帳。

買新成屋的實品屋驗屋時需注意什麼

實品屋,又稱裝潢屋,是已經在蓋好的建案裡面,和樣品屋最大的不同是樣品屋不能賣,目的在展示銷售預售屋,內部裝潢和一般住宅會有些許不同,因為樣品屋重點在放大格局空間,多半中看不中用。實品屋因多半已經成屋,民眾會抱著「省時、省力、買了立刻能住」的心態看屋,在裝潢上就不能潦草馬虎。

TIP 購買實品屋訣竅

1 買前要拍照　　2 買後要清點　　3 確認保固對象　　4 盡早交屋入住

買前親身體驗試用確保合需求

購屋後自行找設計師討論溝通居家裝修及施工等等,作業期可能前後長達 3 ~ 4 個月,若有入住時間壓力,可立刻入住的實品屋不失為一

個省時省力的選擇。為了確保將來住得舒適，符合自身居住需求，看屋時可實際「使用」一下空間，像是將鞋子、外套放進鞋櫃、衣櫃，瞭解動線合理性與空間尺寸是否合宜。

因附裝潢貸款成數較高

由於房價包含裝潢和傢具會拉高購買的總價，以房貸固定成數來看，總價提升也拉高貸款金額，相較在外面申請利率較高的信貸來裝潢，相對是要划算許多。

不過購買實品屋，也要注意避免發生糾紛。有些建案的實品屋採「現況交屋」，屋內觸目所及的任一物品，皆含在銷售範圍內，不過有些建案的實品屋，會將傢具、飾品分開，不一定全含在內，若事前沒確認清楚，購買後才發現當初看屋時看到的部分東西，並不屬於實品屋販售範圍，要另外加價購買的情形。

驗屋傢具損傷可殺價

購買實品屋時，除了拍照之外，還要將每個品項及品牌列表登記，就曾發生過實品屋一開始放的是實木桌，交屋時被換成貼木皮的桌子，就算有拍照，也易因顏色太像而無效，若沒有白紙黑字記下來，根本難以採信，因此務必在簽約附件上註明，購買實品屋內含所有傢具配件，假設傢具出現刮痕，可依此殺價，或要求換新。

有時建商在實品屋售出後，再向屋主「回借」幾天，好方便帶看，不過這樣一來，有人進出就有傢具、裝潢、設備損傷的風險，還是建議盡早交屋入住。

▌實品屋優缺比較

優點	缺點	注意事項
1 省去找設計師、與其討論、施工時間，可立即入住 2 提高房貸金額：裝潢可和房子一起申請貸款	1 設計大眾化，無法凸顯個人品味 2 收納空間非量身訂製，可能有不足情形產生	1 買前確認實品屋包含哪些傢具、飾品 2 購買時拍照存證 3 簽約時將所有傢具、飾品，表於附件 4 交屋後根據照片和附件，注意有無新的刮痕、品項有無被更換

中古屋驗屋要點

揪出潛藏的屋況問題

中古屋已經生活使用多年，難免會有問題產生，也有不少投資客裝潢的房屋，只是把壁癌用封板、裝潢手法遮起來，並沒有好好處理。因此驗屋時要格外留意漏水和管線的問題，舉凡要仔細觀察窗戶縫隙，留意窗框填縫處，牆壁邊緣以及牆壁與天花板的交接處，檢視有沒有水痕，從外觀來看是否有漏水的痕跡。

此外，水電管線問題也很要緊。一般來說是超過十年的房屋，水電管線大部分都會發生問題，普通的就是水管生鏽、卡汙垢，嚴重的則可能造成水管漏水、糞管卡住，電量不足、跳電，如果事先沒有察覺，都會造成事後重新整理的麻煩。

通常公寓排水管線會在二樓交會再往下到一樓，因此如果水管不通，很有可能在二樓回堵，造成二樓淹水問題。因此交屋時，務必仔細試試看水管排水功能。可以在臉盆、浴缸放水後排掉，或是試沖馬桶，測試排水功能。

也要把每個插頭孔都插上電器，測試看看能否通電，並且測試全部電器都插上後，是否會跳電。

・ 漏水：注意水痕、油漆發泡、浴室內牆、門窗四周。
※ 後陽台，瓦斯熱水器上方因結露水導致壁癌，並非漏水
・ 開關箱
・ 地板是否歪斜
・ 木作是否有蟲蛀
・ 天花板／維修孔：一一打開檢查是否有異狀
・ 電線是否套管，線徑是否夠粗
・ 坪數是否短少，須詳細核對所有權狀是否符合銷售坪數
・ 逃生、消防設備是否齊全且運作正常
・ 既有違建是否有復原的風險
※ 新屋驗收的項目也逐一測試。

中古屋驗屋時沒漏水，過沒多久漏水怎辦？

通常買賣雙方簽契約時，一定會仔細約定房屋漏水時的責任歸屬。因此買中古屋時務必要注意契約上是否有特別加入漏水相關附帶條件。

有些賣方知道屋內漏水，簽約時也特別強調、註明，售屋後不負責漏水等瑕疵問題、「拋棄瑕疵擔保」，如果兩方契約成立，賣方也在契約上特別註明不負責漏水，買方事後才抱怨漏水問題，也不得要求賣方賠償。

不過如果賣方賣屋時故意隱瞞漏水問題，而且買方可以舉證漏水問題早已存在，並非事後人為因素才導致漏水的話，只要在交屋五年內發現漏水，都可以將漏水問題追究至前一手屋主身上，要求賠償或是修復到完好無缺的狀態。因此，還是要特別注意當初簽約的契約內容。

仔細驗屋，有問題一定要立刻提出，要求仲介或屋主回應或改善。千萬不要忘記，一定要隨時照相，留下屋內狀況的照片，以免日後發生糾紛，沒有證據。

中古屋的交屋流程

一、書狀請領： 承辦代書至地政機關領取過戶完成之新權狀，並聯繫雙方交屋以及繳交尾款時間。

二、現場完成點交： 最好是買賣雙方一同至現場點交，買方需再詳細檢視屋況、核對附贈設備項目及其他約定的物品，是否有瑕疵或短少等。

三、退回保證本票： 賣方須於買方交付尾款時，退回保證之商業本票。

四、繳交房屋鑰匙： 賣方應於交屋後繳交門鎖鑰匙，為表示誠意，通常會將持有的房屋鑰匙全數繳交；但通常買方還是會換鑰匙，以策安全。

文件資料交付

1 土地所有權狀（正本）。

2 建築物所有權狀（正本）。

3 使用執照（影本）。

4 房屋保固證明書。

5 無輻射鋼筋污染之保證書。

6 無海砂屋之保證書。

7 房屋鑰匙。

8 透過仲介購買中古屋，通常還會附上一份屋況保證書，因中古屋的屋況較易受買方質疑，而屋況保證書可確保買方的權益，上面要標註多久內發生漏水由原屋主修繕，若是現況交屋就只能自己花錢處理了。

交 屋 驗 收
Check List

工 欲 善 其 事 ，
必 先 利 其 器

一般人交屋時，大多只注意到內部設施的驗收，對於「房子的眼睛」
——窗戶，或是屬於安全逃生的消防、緊急照明等設施卻常常忽略。
交屋驗收可能發生在預售屋交屋、房屋買賣交屋或裝潢完成交屋，驗
收的項目可以細如牛毛，但大項一定不能忽略，以下列出到現場驗收
時必備的小工具，以及要逐項確認並追蹤改善的交屋驗收確認表，幫
助你驗屋周全不失誤。

驗屋必攜工具

捲尺 確認尺寸	小夜燈 測插座是否通電
相機 隨時記錄	手電筒 查看維修孔及牆面平整
硬幣 對照用比例尺	衛生紙（可溶） 測馬桶沖水
紙筆 隨時標註、記錄	大寶特瓶 測排水孔是否通暢
有色膠帶 隨時標註	有色水 測漏水
乒乓球 簡易測水平	

專業驗屋工具

水平雷射儀

輻射偵測器

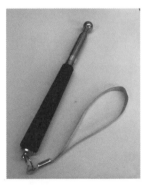

磁磚打診棒

混凝土水分計

交屋驗收確認表

驗收日期：＿＿＿年＿＿＿月＿＿＿日

驗收人：＿＿＿＿＿＿＿＿＿＿＿＿＿（簽名）

賣方代表人：＿＿＿＿＿＿＿＿＿＿（簽名）

下次複檢：＿＿＿年＿＿＿月＿＿＿日

門窗：開闔順暢嗎？漆面完好嗎？修補是否在可接受範圍內？

玄關門

驗收	驗收重點	須改善部分
	(01) 檢查鑰匙開關是否順暢，把手是否有鬆動情況	
	(02) 檢查貓眼是否可清楚看到門外	
	(03) 檢查門片有無凹損、鏽蝕或烤漆脫落等瑕疵	
	(04) 檢查門框有無凹損、鏽蝕或烤漆脫落等瑕疵	
	(05) 檢查門扇與地面間隙是否大小縫	
	(06) 檢查門扇開關是否順暢、有無雜音	
	(07) 檢查雙玄關門玻璃是否為強化玻璃	

臥室門、廁所門、廚房門、後陽台門

驗收	驗收重點	須改善部分
	(08) 檢查門把轉動是否順暢、門鎖是否正常	
	(09) 檢查門扇關起時是否閉合良好	
	(10) 檢查門扇與地面間隙是否大小縫	
	(11) 檢查門扇開關是否順暢、有無雜音	
	(12) 檢查門片有無瑕疵、汙損	
	(13) 檢查門框有無瑕疵、汙損	
	(14) 檢查門檔有無損壞	

窗、紗窗、落地門窗、鐵窗（花格鋁）

驗收	驗收重點	須改善部分
	(15) 檢查窗戶品牌與合約是否符合	
	(16) 檢查閉合度是否良好	
	(17) 檢查是否可緊密上鎖	
	(18) 檢查開啟是否順暢	
	(19) 檢查窗框玻璃有無刮傷	
	(20) 檢查窗框與牆面是否有確實填滿矽利康	
	(21) 檢查鐵窗、花格鋁、曬衣架是否有鏽蝕	
	(22) 檢查陽台隔柵是否牢固	

天、地、壁：裝修表面以「平整」為確認原則

天花板

驗收	驗收重點	須改善部分
	(23) 查看油漆粉刷平整度	
	(24) 查看有無龜裂、脫落與顏色均勻度	

牆壁

驗收	驗收重點	須改善部分
	(25) 查看、觸摸油漆粉刷平整度	
	(26) 查看有無龜裂、脫落與顏色均勻度	

地板

驗收	驗收重點	須改善部分
	(27) 檢查地磚是否平整並無龜裂，色澤有無一致	
	(28) 檢查地磚是否有膨拱	
	(29) 檢查木地板是否平整無翹起	
	(30) 檢查踢腳板是否牢固	

衛浴：給排水、設備都要一一檢測

洗臉盆

驗收	驗收重點	須改善部分
	(31) 檢查臉盆檯面是否有瑕疵	
	(32) 檢查臉盆與牆面是否緊貼	
	(33) 檢查鏡前層板是否牢固	
	(34) 檢查止水塞拉桿是否正常	
	(35) 檢查滿水時水是否可從溢水口順利排出臉盆	
	(36) 檢查止水塞拉起時，排水是否順暢	
	(37) 檢查排水管周圍是否有漏水	

水龍頭

驗收	驗收重點	須改善部分
	(38) 檢查龍頭有無瑕疵、鏽蝕	
	(39) 檢查龍頭轉動是否順暢正常	
	(40) 檢查出水量是否正常	
	(41) 檢查冷熱水是否對邊	

鏡子

驗收	驗收重點	須改善部分
	(42) 鏡面是否平整	
	(43) 有無刮傷、破裂	
	(44) 除霧鏡把除霧開關打開，哈口氣看功能是否正常	

浴缸

驗收	驗收重點	須改善部分
	(45) 檢查浴缸是否有無刮傷瑕疵	
	(46) 檢查浴缸接縫處水泥填補是否確實	
	(47) 檢查水龍頭、蓮蓬頭水量是否正常	
	(48) 檢查蓮蓬頭有無瑕疵、軟管有無漏水與長度是否適當	
	(49) 用有色水倒入浴缸排水檢查周圍是否有漏水的情況	

淋浴間

驗收	驗收重點	須改善部分
	(50) 檢查拉門是否順暢	
	(51) 檢查拉門關閉時沖水密閉性是否良好	
	(52) 檢查淋浴間排水是否有阻塞	
	(53) 檢查淋浴間洩水坡度是否良好	

馬桶

驗收	驗收重點	須改善部分
	(54) 檢查馬桶表面是否有瑕疵	
	(55) 檢查馬桶蓋是否牢固無鬆動	
	(56) 檢查馬桶沖水時聲音是否有雜音	
	(57) 用有色水檢查馬桶沖水後是否周圍有滲水	
	(58) 檢查馬桶補水狀況是否正常	

抽風扇

驗收	驗收重點	須改善部分
	(59) 檢查運轉是否正常、有無雜音	
	(60) 檢查風管是否順暢	

地面排水

驗收	驗收重點	須改善部分
	(61) 檢查地面排水是否順暢	

五金配件

驗收	驗收重點	須改善部分
	(62) 檢查應附品是否缺漏	
	(63) 檢查毛巾、置物架等五金是否牢固、有無鏽痕	

廚房：廚具、三機設備要一一檢視

廚櫃

驗收	驗收重點	須改善部分
	(67) 檢查廚櫃是否有瑕疵	
	(68) 檢查門片是否開關順暢、閉合度良好	
	(69) 檢查鉸鍊有無生鏽	
	(70) 檢查抽屜、拉籃開闔是否順暢，各五金架是否牢固	
	(71) 測試吊櫃門片開啟時是否會撞到燈具或其它設備	

流理台

驗收	驗收重點	須改善部分
	(72) 檢查表面是否有刮傷	
	(73) 檢查檯面與牆面是否密合	
	(74) 檢查蓄水水塞是否緊密	
	(75) 檢查水龍頭、溢水口功能是否正常	
	(76) 檢查排水是否順暢、下方排水管有無漏水	

瓦斯爐

驗收	驗收重點	須改善部分
	(77) 檢查瓦斯爐功能是否正常	
	(78) 檢查爐火顏色是否正常，應為藍色	
	(79) 檢查瓦斯管接頭是否緊密	

排油煙機

驗收	驗收重點	須改善部分
	(80) 檢查外觀有無瑕疵	
	(81) 檢查功能是否正常、有無雜音	
	(82) 檢查配件有無短缺	
	(83) 檢查排煙管是否安裝適當	

機電：強電、弱電、開關、插座——檢測

廚櫃

驗收	驗收重點	須改善部分
	(84) 檢查電箱門開關是否正常、閉合時是否緊密	
	(85) 檢查箱內線路是否整齊	
	(86) 檢查迴路標示是否與現場相對應	
	(87) 檢查濕區是否有配置漏電斷路器	

開關

驗收	驗收重點	須改善部分
	(88) 檢查各開關面板是否有瑕疵、夜視功能是否正常	
	(89) 檢查各開關、燈具是否功能正常	

插座

驗收	驗收重點	須改善部分
	(90) 檢查各插座面板是否有瑕疵	
	(91) 檢查各插座是否有正常供電	

對講機

驗收	驗收重點	須改善部分
	(92) 檢查對講機收訊是否良好	
	(93) 檢查警報功能與中控室、管理中心連線是否正常	

弱電箱／網路

驗收	驗收重點	須改善部分
	(94) 弱電箱是否預留電源插座	
	(95) 是否已牽網路線（光纖到府）	

電表

驗收	驗收重點	須改善部分
	(96) 了解位置及抄寫當時度數	

消防：關乎生命安全要實際測試

驗收	驗收重點	須改善部分
	(97) 消防設備工程應安裝完成消防泵浦、消防採水泵浦、泡沫泵浦、火警受信總機廣播系統，經功能測試運轉正常為原則	
	(98) 各樓層消防、逃生、停電照明設備是否齊全且功能正常	

陽台：別忘了檢查洗衣機、熱水器出水口和放置冷氣主機的框架

驗收	驗收重點	須改善部分
	(99) 檢查洗衣機和熱水器的冷熱出水口是否正常	
	(100) 冷氣主機架是否安裝穩固	

TIP 逐一核對相關交屋資料文件

包括土地所有權狀（正本）、建築物所有權狀（正本）、使用執照（大樓為影本）、房屋保固證明書、鋼筋無輻射污染保證書、非海砂屋保證書、房屋鑰匙、交屋驗收確認表（雙方簽章）。

驗屋筆記

- ■
- ■

SOLUTION BOOK 107X

看屋驗屋一本通【暢銷新封面版】：買屋交屋實作本，工班主任、設計師、買房達人教你驗好屋買對房秘訣，省裝潢、住舒適、不吃虧

作者	漂亮家居編輯部
責任編輯	楊宜倩
文字採訪	劉芳婷・楊宜倩
美術設計	莊佳芳
插畫設計	張小倫、黑羊、黃雅方
編輯助理	劉婕柔
活動企劃	洪擘

發行人	何飛鵬
總經理	李淑霞
社長	林孟葦
總編輯	張麗寶
副總編輯	楊宜倩
叢書主編	許嘉芬
出版	城邦文化事業股份有限公司 麥浩斯出版
Email	cs@myhomelife.com.tw
地址	104台北市中山區民生東路二段141號8樓
電話	02-2500-7578

發行	英屬蓋曼群島商家庭傳媒股份有限公司城邦分公司
地址	104台北市民生東路二段141號2樓
讀者服務專線	0800-020-299 （週一至週五上午09:30～12:00；下午13:30～17:00）
讀者服務傳真	02-2517-0999
讀者服務信箱	service@cite.com.tw
劃撥帳號	1983-3516
劃撥戶名	英屬蓋曼群島商家庭傳媒股份有限公司城邦分公司

香港發行	城邦（香港）出版集團有限公司
地址	香港灣仔駱克道193號東超商業中心1樓
電話	852-2508-6231
傳真	852-2578-9337

馬新發行	城邦（馬新）出版集團Cite(M) Sdn.Bhd.
地址	41, Jalan Radin Anum, Bandar Baru Sri Petaling,57000 Kuala Lumpur, Malaysia
電話	603-9056-3833
傳真	603-9057-6622
E-mai	services@cite.my

總經銷	聯合發行股份有限公司
電話	02-2917-8022
傳真	02-2915-6275

製版印刷	凱林彩印股份有限公司
版次	2022 年12月二版一刷
定價	新台幣350元

Printed in Taiwan 著作權所有・翻印必究 （缺頁或破損請寄回更換）

國家圖書館出版品預行編目(CIP)資料

看屋驗屋一本通【暢銷新封面版】：買屋交屋實作本，
工班主任、設計師、買房達人教你驗好屋買對房秘
訣，省裝潢、住舒適、不吃虧 / 漂亮家居編輯部作. --
二版. -- 臺北市: 城邦文化事業股份有限公司麥浩斯出
版: 英屬蓋曼群島商家庭傳媒股份有限公司城邦分公
司發行, 2022.12
　　面；　公分. -- (Solution ; 107X)
ISBN 978-986-408-873-7(平裝)
1.CST: 不動產業 2.CST: 投資
554.89　　　　　　　111018724